JÖRG ZINK

Frieden ist in meiner Seele

JÖRG ZINK

Frieden ist in meiner Seele

Täglich ein Text

Mit einem Geleitwort
von Hans-Jürgen Hufeisen

Patmos Verlag

VERLAGSGRUPPE PATMOS

PATMOS
ESCHBACH
GRÜNEWALD
THORBECKE
SCHWABEN
VER SACRUM

Die Verlagsgruppe
mit Sinn für das Leben

Die Verlagsgruppe Patmos ist sich ihrer Verantwortung gegenüber unserer Umwelt bewusst. Wir folgen dem Prinzip der Nachhaltigkeit und streben den Einklang von wirtschaftlicher Entwicklung, sozialer Sicherheit und Erhaltung unserer natürlichen Lebensgrundlagen an. Näheres zur Nachhaltigkeitsstrategie der Verlagsgruppe Patmos auf unserer Website www.verlagsgruppe-patmos.de/nachhaltig-gut-leben

Neuausgabe 2022
Lizenzausgabe für den Patmos Verlag

4. Auflage 2024
Alle Rechte vorbehalten
© 2007 Matthias-Grünewald Verlag
Verlagsgruppe Patmos in der Schwabenverlag AG, Ostfildern
www.verlagsgruppe-patmos.de

Umschlaggestaltung: Finken & Bumiller, Stuttgart
Autorenfoto: © Alexander Schmid-Paetzold
Konzeption, Textauswahl und Redaktion: Martin Schmeisser
Satz: Schwabenverlag AG, Ostfildern
Druck: GGP Media GmbH, Pößneck
Hergestellt in Deutschland
ISBN 978-3-8436-1411-5

Zum Geleit

1981, Kirchentag Hamburg, 60.000 Zuhörer. Zum ersten Mal treffe ich Jörg Zink (1922–2016), den evangelischen Pfarrer und Schriftsteller, einen der führenden Sprecher der Friedensbewegung. Zusammen sind wir auf der Bühne. Er sprach im Frühsommer über die Worte des Weihnachtsengels: »Fürchtet euch nicht! Seht, ich verkündige euch große Freude. Denn euch ist heute der Retter geboren.« In Zinks Auslegung lag eine tiefe Sehnsucht nach Frieden, »der nicht von Waffen, sondern nur von der Einsicht und dem Vertrauen der Menschen gesichert wird.« Nach diesen Worten breitete sich Stille aus – wie damals, in der *stillen, heiligen Nacht* in Bethlehem, wurde 1981 Neues geboren, eine Vision für Frieden und Gerechtigkeit. An jenem Morgen erklang mit meiner Flöte »Die Friedenstaube«.

4. Advent 2017, ein Jahr nach dem Tod von Jörg Zink: Seine Witwe zeigt mir ein kariertes Papier, darauf sind Linien gezogen, und es ist nur ein einziges Wort zu lesen: Frieden. Es ist das letzte handgeschriebene Wort von Jörg Zink, kurz vor seinem Tod. Ich stelle mir vor: Die fast leere Papierseite wäre Manuskript für etwas Neues: Die Linien für die weiteren Kapitel sind bereits gezogen, und sie sind gefüllt mit wortlosen Gedanken, als wolle der Autor mit dem Nichts alles sagen. Als wolle er in dem Schweigen den Anbeginn der Schöpfung Gottes neu und wieder finden: »Und siehe, Gott ruht und die Leere ist Klang.«

Möge seine Friedensbotschaft die Welt ergreifen.
Möge sie für jeden Tag Ihr Herz erfüllen.

Hans-Jürgen Hufeisen

Frieden ist in meiner Seele

Mein Herz, o Gott,
will nicht Ansehen, nicht Macht.
Ich schaue nicht nach Ruhm aus
und nicht nach Reichtum.
Ich gehe nicht mit großen Plänen um
und nicht mit Träumen über große Dinge.
Sie sind zu wunderbar für meinen Geist.

Ich taste dein Geheimnis nicht an.
Mein Herz ist still,
und Frieden ist in meiner Seele.
Wie ein gestilltes Kind bin ich,
das bei seiner Mutter schläft.
Wie ein gesättigtes Kind,
so ist meine Seele still in mir.

Ich vertraue allein dir,
heute und in Zukunft.

Psalm 131, übertragen von Jörg Zink

JANUAR

1 Der Dichter Eduard Mörike schrieb vor etwa 150 Jahren den schönsten Neujahrsvers, den ich kenne. Den sage ich mir vor, wenn ich von all den Prognosen, Weissagungen und Beschwörungen des Jahreswechsels zu viel habe. Er lautet so:

>»In ihm sei's begonnen,
>Der Monde und Sonnen
>An blauen Gezelten
>Des Himmels bewegt.
>Du, Vater, du rate!
>Lenke du und wende!
>Herr, dir in die Hände
>Sei Anfang und Ende,
>Sei alles gelegt!«

Mörike meint: Da ist einer, der die Welt in Händen hat: die Sonnen und Monde und auch unsere kleine Erde; und der sie nach seinem Gesetz und Plan bewegt. Und wir Menschen stellen uns in diese große Bewegung mit hinein und gehen unseren Weg, wie er uns vorgezeichnet ist.

2 Wie einer im Licht steht, so soll er in Gott stehen, meint Eduard Mörike in seinem Neujahrsgedicht. Wie einer den Wind spürt, so soll er Gott spüren. Er soll sich mitnehmen lassen. Er soll nicht fragen: Was wird mir das neue Jahr bringen? Sondern: Wie finde ich den Weg, der mir zugedacht ist?
Und wenn ich meine Spur verliere? Dann soll ich sagen: Lenke du und wende! Denn ich kann von jedem Punkt meines Weges meine Spur wiederfinden, wenn ich nur bereit bin, mich einer lenkenden Hand zu überlassen.

3 »Lenke du und wende ...« – Mörikes Neujahrsvers klingt so mühelos. Man braucht dazu nur, was man meistens nicht hat: Vertrauen. Wenn es aber einmal gelungen ist, dann weiß man: Es ist einfach. Man kann ja aus Gott nicht hinausfallen. Wohin auch? Man geht in ein unbekanntes Land und weiß doch: Da ist ein Weg. Den kann ich gehen. Man weiß: Ich brauche mich nicht zu schützen. Mich schützt, wenn es darauf ankommt, ein anderer. Ich brauche niemand zu hassen. Ich lasse die Menschen auf mich zukommen und versuche, sie zu lieben.

4 Gott gibt mir ein neues Jahr. Warum soll ich es nicht dankbar beginnen und wäre es mein letztes? Es wird ein Jahr des Herrn sein – annus Domini –, nicht weil es Glück bringt, sondern weil Glück und Leid aus einer guten Hand kommen. Vielleicht kann ich am Ende sogar sagen: »In deine Hände befehle ich meinen Geist.« Und inzwischen, 365 Tage lang, habe ich die Hände frei, um unter den Menschen etwas Rechtes und Sinnvolles zu tun. Es hat alles Raum in dem schlichten Gebet Mörikes:

»In ihm sei's begonnen,
Der Monde und Sonnen
An blauen Gezelten

Des Himmels bewegt.
Du, Vater, du rate!
Lenke du und wende!
Herr, dir in die Hände
Sei Anfang und Ende,
Sei alles gelegt!«

5 »Der Zustand der Welt hat sich im letzten Jahr dramatisch verschlechtert. Der Hunger greift um sich. Die Zerstörung der Natur schreitet fort. Die Kriegs- und Terrorgefahr steigt.« So oder ähnlich beschreiben die Neujahrsbotschaften der Politiker die Weltlage. – Nun können Sie sagen: Ich bin ein kleiner Mensch, ich kann nichts ändern. Oder auch: Es geht ja doch alles zugrunde. Millionen denken so. Aber gibt es auch etwas anderes als die Resignation?
Ich möchte Ihnen ein Wort des Apostels Paulus auf Ihren Weg ins neue Jahr mitgeben. Er schreibt in einer bedrohlichen Lage einem mutlosen Mitarbeiter: »Gott hat uns nicht einen Geist der Verzagtheit gegeben, sondern den Geist der Kraft, der Liebe und der Besonnenheit« (2 Tim 1,7).

6 Den Geist der Kraft – das heißt: Lamentiere nicht herum. Nimm die Kräfte in Anspruch, die Gott dir gibt, und deine Mattigkeit wird wie weggeblasen sein. Tu die Augen auf, und du siehst, was du tun kannst. Nichts ist vergeblich, was du für die Wahrheit tust oder für das Leben und das Heil der Menschen. Lass dich nicht beirren. Tu das Nötige ohne Menschenfurcht und Ängstlichkeit.

7 Und den Geist der Liebe: Nichts ist wichtiger, als dass wir diese gefährdete Welt lieben. Einschließlich der Menschen, die meinen, sie seien unsere Feinde. Denn wenn wir mit ihnen zusammen überleben wollen, müssen wir sie verstehen.

Und wir verstehen sie nur, wenn wir sie ein wenig lieben. Wer einen anderen Menschen hasst, darf sicher sein, dass er ihn nicht verstehen wird. Es ist lebensgefährlich für die ganze Menschheit, wenn Weltmächte einander nicht verstehen, weil sie einander hassen und wir uns ihren Vorurteilen anschließen. Ohne ein freundliches Verstehen wird kein Friede auf dieser Erde dauern.

8 Und den Geist der Besonnenheit: Ich weiß – ich weiß es wirklich, denn ich bin alles andere als ein geduldiger Mensch –, wie schwer es ist, besonnen zu sein, wenn das Haus brennt. Ich weiß aber auch, dass Ungeduld mehr zerstört als sie rettet. Gott hat uns, sagt Paulus, einen langen Atem gegeben und einen klaren Kopf, und den lasst uns in Anspruch nehmen, vielleicht fällt uns das Rettende ein.

9 Ich werde immer wieder gefragt: Sind Sie eigentlich ein Optimist oder ein Pessimist? – Ja, was bin ich? Bei Sonnenschein sitzt der Frosch oben im Glas. Bei Regen unten. Aber das Wetter richtet sich nicht danach, wo er sitzt auf der Leiter seiner Stimmungen und Prognosen.

10 Besser als Optimismus ist eine begründete Hoffnung. Noch immer hat Gott die Erde in seiner Hand. Noch immer ist er es, der uns an unser Ziel führt und nicht irgendwelche Menschen oder Mächte. Und noch immer stehen wir in seinem Dienst.
Wenn das so ist, geht es darum, zu lieben und nachzudenken, Zwänge zu überwinden, das Verschwiegene auszusprechen, das Gefährdete zu bewahren und im Ernstfall, um des Friedens und der Gerechtigkeit willen, auch Leiden durchzuhalten. In einem Lied der Friedensbewegung heißt es: »Pflanzt doch die Hoffnung des Himmels fest in die staubige Erde.« Mein

Wunsch für das neue Jahr ist, dass diese Hoffnung auf unserer Erde anwächst und auch in Ihnen persönlich.

11 Der Jahresbeginn ist eine Zeit der guten Wünsche. Ich denke in diesen Tagen herum und frage mich, was sich wohl lohnte, dass man es seinen Mitmenschen wünscht. Guten Rutsch, sagt man, aber das scheint mir zu wenig. Viel Glück. Alles Gute. Das alles ist mir zu allgemein. Ich überlege mir, was ich Ihnen, nun ernsthaft, wünsche. Und bin überzeugt, dass, je liebevoller unsere Wünsche ausfallen, sie desto konkreter sein werden.

12 Wir sehen auf ein Jahr zurück und auf ein Jahr voraus. Das alte Jahr hat Mühe und Arbeit gebracht. Das neue wird ähnlich sein. Was wünsche ich Ihnen also?
Ich wünsche Ihnen nicht ein Leben ohne Mühe und Herausforderung. Aber ich wünsche Ihnen, dass Ihre Arbeit nicht ins Leere geht. Ich wünsche Ihnen die Kraft der Hände und des Herzens.

13 Ich wünsche Ihnen, mit einem alten Wort wünsche ich es, dem Wort »Segen«: dass hinter Ihrem Pflug Frucht wächst, Brot für Leib und Seele, und dass zwischen den Halmen die Blumen nicht fehlen. Denn wie der Mensch nicht vom Brot allein lebt, so wächst auch das Brot nicht durch den Menschen allein, sondern durch den Segen dessen, dem das Feld und die Saat gehören. Das Brot wächst durch die Kraft dessen, dem die Erde dient und der Himmel, die Sonne und der Regen. Dass in Ihrer Kraft seine Kraft ist, das vor allem, das wünsche ich Ihnen.

14 Ich wünsche Ihnen nicht ein Leben ohne Mühe, ohne Störung, ohne Schmerz. Was sollten Sie mit einem solchen Leben anfangen? Ich wünsche Ihnen aber, dass Sie bewahrt sein mögen an Leib und Seele. Dass der Eine, von dem Ihr Dasein kommt und auf den es hinführt, durch alles hindurch, was das neue Jahr bringt, Sie Ihrem Ziel entgegenführt.

15 Man hat Menschen immer wieder mit Bäumen verglichen. Die Bibel sagt zum Beispiel: »Gesegnet ist der Mensch, der sich auf Gott verlässt. Er ist wie ein Baum, am Wasser gepflanzt, der seine Wurzeln zum Bach hinstreckt. In der Hitze fürchtet er sich nicht, und seine Blätter bleiben grün. Er sorgt sich nicht im dürren Jahr, sondern bringt Früchte alle Zeit« (Jer 17,7–8).

16 Ich will das Bild vom Baum aufnehmen. Was wünsche ich damit? Ich wünsche Ihnen nicht, dass Sie der schönste Baum werden, der auf dieser Erde steht. Solchen Unsinn soll man nicht wünschen. Ich wünsche Ihnen nicht, dass Sie jahraus, jahrein leuchten, wie der Dichter sagt, leuchten von Blüten an jedem Zweig. Aber dass dann und wann an irgendeinem Ast eine Blüte aufbricht, dass dann und wann etwas Schönes gelingt, irgendwann ein Wort der Liebe ein Herz findet, das wünsche ich Ihnen.

17 Ich wünsche Ihnen nicht, dass Sie ein Mensch sind rechtwinklig an Leib und Seele, glatt und senkrecht wie eine Pappel oder elegant wie eine Zypresse. Aber das wünsche ich Ihnen, dass Sie mit allem, was krumm ist an Ihnen, an einem guten Platz leben dürfen und im Licht des Himmels; dass auch was nicht gedeihen konnte, gelten darf und auch das Knorrige und das Unfertige an Ihnen und Ihrem Werk in der Gnade Gottes Schutz finden.

18 Was ich Ihnen wünsche? Nicht, dass sie so groß werden wie ein Baum, so stark und so reglos. Aber dass Sie hin und wieder nach oben schauen, wo die Kronen sind und der Himmel. Dass Sie stehen bleiben und nicht immer weiter rennen. Dass Sie stehen lernen und wachsen wie ein Baum. Denn Sie sind nicht am Ziel. Sie haben die Kraft in sich, die auch im Baum ist: die Kraft zu wachsen. Sie sind noch zu etwas berufen. Bleiben Sie stehen. Schauen Sie nach oben und fühlen Sie die Kraft aus Gott, die in Ihnen zufassen und wachsen will.

19 Ich wünsche Ihnen nicht jeden Tag Urlaub. Jeden Tag das Glück in der Ferne, nach dem jeder von uns sich gelegentlich sehnt. Ich wünsche Ihnen nicht, dass Sie frei sind und ohne störende Menschen, in einem fernen, weiten Land, in dem sie Ihre Ruhe haben vor dem hektischen Leben, in das man uns alle zwingt.

20 Ich wünsche Ihnen Nachbarn. Hilfreiche und störende. Solche, die Sie brauchen, und solche, auf die Sie angewiesen sind. Ich weiß, manchmal sind es viele. Und sie sind zu nah. Aber sie gehören zu unserem Menschenleben. Sie machen es sinnvoll, dass wir da sind.

21 An manchen Bäumen wächst Efeu. Der Efeu braucht den Baum, wenn er aus dem dunklen Waldboden näher ans Licht kommen will. Ich wünsche Ihnen, dass Sie immer wieder Halt finden wie ein Efeu, an einem Freund oder einer Kollegin oder einem Nachbarn. Ich wünsche Ihnen auch die Kraft, ein Stamm zu sein für die, die Ihre Festigkeit und Zuverlässigkeit brauchen.

22 Ich wünsche Ihnen nicht, dass Sie sich aus dem Lärm Ihrer Stadt zurückziehen können auf eine einsame Alm, auch wenn Sie es sich manchmal so wünschen, oder an einen kleinen See in einer unberührten Landschaft. Ich wünsche Ihnen im Gegenteil viel nahe Erfahrungen mit Menschen und dabei mit sich selbst. Wir kommen anders innerlich nicht weiter. Aber ich wünsche Ihnen, dass sie hin und wieder eine Stunde haben, in der Ihre Seele still liegt wie Wasser und das Licht sich in ihr spiegelt.

23 Ich wünsche Ihnen, dass Sie absehen lernen von Ihrer eigenen Kraft und stehen, zart und biegsam wie Wollgras, das in dem Seegrund Halt hat, in dem es steht. – Ist das romantisch? Ich meine es anders. Ich meine es sehr praktisch. Ich wünsche Ihnen, dass Sie einen Rhythmus finden zwischen Ihrer Pflicht und der Stille, in die Sie sich zurückziehen. Und dass sich dieser Rhythmus durch das ganze Jahr zieht, das vor Ihnen liegt.

24 Ich wünsche Ihnen nicht, dass Ihnen irgendwo auf einem Waldweg ein weißer Hirsch begegnet oder ein Königssohn, der Sie glücklich macht, oder eine Fee, die viel Geld bringt. Aber dass Sie Augen haben, zu sehen, wenn Ihnen auf Ihrem Weg ein Wunder begegnet, ein Mensch, der Sie liebt, auf die einfache Art eines Menschen, oder ein anderer, der Ihre Liebeskräfte herausfordert, das wünsche ich Ihnen. Denn für die wirklichen Wunder brauchen wir keine Märchen, sondern Augen, die sehen, und ein Herz, das versteht, für die Wunder zu danken.

25 Die Bauern in der Ukraine hatten zum neuen Jahr einen Wunsch voll sorglosen Humors. Er lautete so: »Gott schicke den Tyrannen Läuse, den Einsamen Hunde, den Kindern Schmetterlinge, den Frauen Nerze, den Männern Wildschweine, uns allen aber einen Adler, der uns auf seinen Fittichen trägt.« Ich bin nicht sicher, ob es genügt, den Tyrannen Läuse zu wünschen, da wären wohl kräftigere Wünsche nötig. Aber den Adler, der Sie zu Gott trägt, ja, den Adler, den wünsche ich Ihnen.

26 Heute und morgen möchte ich Ihnen ein Gebet sagen, das in Deutschland weite Verbreitung gefunden hat und früher dem englischen Staatsmann Thomas Morus (1478–1535) zugeschrieben wurde. Es lehnt sich aber wohl an ein Gedicht an, das der mit 19 Jahren im Ersten Weltkrieg 1917 gefallene britische Student Thomas Henry Basil Webb verfasst hat: »Herr, schenke mir Gesundheit des Leibes mit dem nötigen Sinn dafür, dass ich ihn möglichst gut erhalte. Schenke mir eine heilige Seele, die im Auge behält, was gut und rein ist, die sich nicht einschüchtern lässt vom Bösen, sondern Mittel findet, die Dinge in Ordnung zu bringen.«

27 Das Gebet fährt fort: »Schenke mir eine Seele, der die Langeweile fremd ist, die kein Murren kennt, kein Seufzen und Klagen, und lasse nicht zu, dass ich mir zu viele Sorgen mache um dieses Etwas, das sich so breit macht und sich ›Ich‹ nennt. Schenke mir den Sinn für freundlichen Humor. Gib mir die Gnade, einen Scherz zu verstehen, damit ich ein wenig Glück finde im Leben und anderen davon weitergebe.«

28 Darf ich diesem Gebet noch etwas anfügen? Ich stelle mir viele von Ihnen, liebe Leserinnen und Leser, alt vor. Müde nach einem langen Leben. Manchmal auch frierend wie ein Baum unter Eis. Wünschen möchte ich Ihnen, dass sie leben dürfen und im Licht stehen, auch wenn es Winter wird.

Denn die Jahreszeiten haben ihre Gesetze, und auch der Frost hat seinen Sinn. Auch die Liebe muss es aushalten, zuzeiten, dass sie schweigt, dass sie sich nach innen wendet. Ich wünsche Ihnen, dass Sie auch das Eis des Winters erleben als eine Herrlichkeit von Gott.

29 Und vor allem wünsche ich Ihnen den Segen Gottes und sein Geleit. Es gibt ein altes Segenswort – der sogenannte Segen des Aaron –, den wir in den Kirchen immer wieder hören. Er lautet:

»Der Herr segne dich und behüte dich.
Der Herr lasse sein Angesicht leuchten über dir
und sei dir gnädig.
Der Herr erhebe sein Angesicht auf dich
und gebe dir Frieden.«
Num 6,24–26

30 Heute und morgen nehme ich nochmals das wohl dreitausend Jahre alte, vielen heute schwer verständliche Segenswort aus der Bibel auf und gebe jeder Zeile ein paar Worte bei, die ihren Sinn erschließen wollen:

Gott, der Lebendige,
der Ursprung und Vollender alles Lebens
segne dich,
gebe dir Gedeihen und Wachstum.
Gelingen deiner Hoffnungen,
Frucht deiner Mühe.
Er behüte dich vor allen dunklen Gedanken,
er sei dir Schutz in Gefahr und Zuflucht in Angst.

31 Gott lasse sein Angesicht über dir leuchten,
wie die Sonne über der Erde
das Erstarrte wärmt und löst

und das Lebendige weckt in allen Dingen.
Er sei dir gnädig, wenn Schuld dich quält.
Er löse dich von allem Bösen und mache dich frei.

Gott erhebe sein Angesicht auf dich.
Er schaue dich freundlich an.
Er sehe dein Leid und höre deine Stimme,
er heile und tröste dich
und gebe dir Frieden,
das Wohl des Leibes,
Wohl und Heil der Seele,
Liebe und Glück,
und führe dich an dein Ziel.

Amen.
Das heißt: So will es der lebendige Gott,
so steht es fest nach seinem Willen,
für dich.

FEBRUAR

1 »Gott ist mein Hirte,
mir wird nichts mangeln.
Er weidet mich auf einer grünen Aue
und führt mich zum frischen Wasser.
Er erquickt meine Seele.«

Schritt für Schritt möchte ich in der nächsten Zeit am bekannten 23. Psalm entlanggehen. Vers um Vers. Von dem fast idyllischen Anfang über das Bild von dem Weg, den wir gehen sollen, über die Schwere, die in dem Wort vom finsteren Tal liegt, hin zu dem Gleichnis von einem Tisch, der für uns gedeckt wird, und dem Brot und dem Wein, welche wir empfangen, und zu dem Haus, in dem wir am Ende bleiben werden.

2 Von einem Bild zum anderen wechseln die Empfindungen und die Zeichen des Vertrauens und der Hoffnung. Es ist schon sinnvoll, dass ein sehr bekannter Mann dieser Zeit gesagt hat, er brauche aus der ganzen Bibel eigentlich nur den 23. Psalm:

»Er führt mich auf dem richtigen Weg,
um seines Namens willen.
Und ob ich im einsamen Tal wandere,
im Tal, in dem der Tod lauert,
fürchte ich doch kein Unglück,
denn du bist bei mir.
Dein Stab, deine Lanze schützen mich.
Er deckt mir einen Tisch in seinem Hause,
wohin kein Feind mich verfolgt,
keine Schuld und kein Fluch.
Du salbst mein Haupt mit Öl
und schenkst mir voll ein.
Mit Güte und Freundlichkeit
umgibt mich Gott, solange ich lebe,
und Wohnrecht habe ich in seinem Haus
jetzt und in Ewigkeit.«

3 Wer die Hänge am Rande der judäischen Wüste kennt, zwischen Jerusalem und dem tiefen Tal des Jordan oder zwischen Bethlehem und dem Toten Meer, der weiß, dass eine Idylle nicht gemeint ist. Wer die Herden gesehen hat, wie sie weit auseinandergezogen über die Felstriften ziehen auf der Suche nach dem letzten Grashalm, der ermisst, was da gesagt ist: dass da einer ist, der weiß, wo das wächst, was ich brauche. Dass da einer ist, der auf mich achthat und dem an meinem Leben liegt. Dass da einer ist, der die Quellen kennt.

4 »Sorge nicht für dein Leben«, sagt Jesus. »Sieh die Vögel unter dem Himmel und die Blumen auf dem Feld, wie sie blühen.« Jesus gehörte nicht zu den Schöngeistern, er kannte das Elend wie kein anderer. Aber zuletzt, wenn du alle deine Sorgen zusammennimmst, wirst du erkennen, dass deine Sorgen dich nicht retten. Da rettet dich ein anderer, dem du

vertraust. Und wenn du nicht vertrauen kannst, findest du nirgends auf der Welt, weder in dir selbst noch bei anderen Menschen, eine Hilfe.

5 Verlass dich auf die Treue Gottes und sorge dich nicht, so höre ich Jesus. Du bist frei, lass dich von niemandem knechten, auch nicht von deinen Sorgen. Danke für alles, was dir geschieht und wisse: Gott ist dein Hirte. Er kennt die trockenen Wüsten in dir, in denen nichts gedeiht. Er kennt die Gefahr, die dir aus dem dunklen Untergrund deiner Seele droht. Er trägt dich durch die Zeit deines Lebens und führt dich behutsam und mit Geduld, so dass du am Ende das Leben findest. Wirke für das Reich Gottes und seine Gerechtigkeit, sagt Jesus. Das Übrige wird dir – aus der reichen Hand Gottes – zufallen.

6 Wir setzen den Weg durch den 23. Psalm fort und lesen:
»Er führt mich auf dem richtigen Weg
um seines Namens willen.«

»Um seines Namens willen« – das heißt so viel wie: Er selbst steht dafür gerade, dass der Weg, den er mich führt, der richtige ist. Wenn ich zurückblicke, merke ich, dass mein Weg mir selbst nicht mehr recht gegenwärtig ist. Gewiss, ich erinnere mich an das Haus meiner Kindheit in den zwanziger Jahren, als meine Eltern einen alternativen Hof betrieben. Ich erinnere mich an die Zeit, als wir mehr oder weniger willig in der Uniform der Hitlerjugend umherliefen. Ich erinnere mich an die Schlachtfelder des Krieges und an das große Sterben. Und ich erinnere mich an die Zeiten danach, die lange, gute Friedenszeit mit allen ihren Mühen und Gnaden, an das Aufwachsen meiner Kinder und die Arbeit in meinem Amt, und ich sehe, wie ich zusammen mit meiner Frau alt werden durfte. Aber es sind immer wieder lange Zeiten dazwischen, in denen mir nicht deutlich ist, warum dies so und jenes so laufen musste. Und ich merke doch, dass alles seinen Zusammenhang hatte, dass alles so lief, wie es mir zugedacht war. Dass der Weg, den ich geführt worden bin, in den Gedanken Gottes vorgedacht war und dass er es auch war bei den unzähligen Menschen, die ich kennenlernte, die ihr Leben mit mir zusammen bedacht haben.

7 Die Menschen, sagt Jesus, werden am Ende aus allen Ländern der Erde kommen und nach einem langen Weg bei Gott zu Tisch sitzen. Glauben heißt also, solange das Ziel nicht erreicht ist, unterwegs sein. Was der Glaubende hat, was er weiß, was er besitzt, das hat er auf dem Wege, und er hat es so, wie man auf einem langen Weg zu Fuß überhaupt etwas haben kann. Nicht wie man Haus und Hof hat, sondern wie leichtes Gepäck.

8 Der Glaubende hat nicht alle Wahrheit, aber so viel, wie er unterwegs braucht. Er kennt nicht alle Geheimnisse. Er löst nicht alle Rätsel. Er muss nur wissen, auf wen er zugeht und wie er die nächste Strecke Weges bewältigt.
Er hat nicht alle Freiheit, aber so viel, wie er unterwegs braucht. So viel, dass er sich nicht festhalten zu lassen braucht, wenn er gehen will. Ihm ist nicht aller Sinn erschlossen, aber so viel, wie er unterwegs braucht. Er muss nicht erkannt haben, warum die Welt sich dreht und warum Gott sie schuf. Er darf aber vertrauen, dass seinem Weg ein Plan zugrunde liegt und dass von ihm nur die kleine Treue verlangt ist: die Treue, die auf dem Weg bleibt.

9 Wenn die irischen Mönche vor 1300 Jahren einen der Ihren auf einen langen Weg schickten, ins Ungewisse und Gefährliche, über Tausende von Kilometern, die diese Männer im

Namen des Christus zurücklegten, dann gaben sie einander diesen Segen mit:

> »Möge dein Weg dir freundlich entgegenkommen.
> Möge die Sonne dein Gesicht erhellen.
> Möge der Wind dir den Rücken stärken
> und der Regen um dich her die Felder tränken.
> Und bis wir zwei, du und ich, uns wiedersehen,
> möge der gütige Gott dich
> in seiner schützenden Hand halten.«

10 »Und wenn ich im einsamen Tal wandere«
– so fährt der Psalm 23 fort –
»im Tal, in dem der Tod lauert,
fürchte ich doch kein Unglück,
denn du bist bei mir.
Dein Stab, deine Lanze schützen mich.«

Das »Tal des Todes«, lesen wir wörtlich. Gemeint sind jene Wüstentäler zwischen Fels und Sand, durch die die Kaufleute und die Pilger und die Reisenden zu gehen hatten, wenn sie von der Wüste her Jerusalem besuchen wollten oder von Jerusalem aus die Länder des Nahen Ostens. Wer von Jerusalem hinabging nach Jericho, ging durch ein solches Tal. In den Felsen öffnete sich Höhle an Höhle. In den Höhlen saßen die, die von den Gerichten gesucht wurden, die Verbrecher, die Terroristen, die Verschuldeten, die ungerecht Verfolgten. Und sie alle mussten leben. Sie lebten davon, dass sie taten, was das Gleichnis vom barmherzigen Samariter erzählt: Sie überfielen irgendeinen Wanderer, nahmen ihm ab, was er hatte, und ließen ihn liegen. Und wenn in einem solchen Tal keine Gefahr von Räubern drohte, dann deshalb, weil es in ihm kein Wasser gab und also auch Räuber nicht leben konnten. An den Wegrändern aber lagen dann die Skelette derer, die in der Trockenheit umkamen: »Tal des Todes«.

11 Warum fürchtet der Psalmsänger kein Unglück? »Du bist bei mir«, sagt er. Deine Waffe schützt mich. Dein Stab, deine Lanze, dein Spieß. Ich habe einen Begleiter, dem die Gefahr nicht gewachsen ist. Letztlich ist Gott eben doch stärker als alle Gefahren dieser Erde, sein Atem länger als der einer kurzatmigen Geschichte der Reiche auf dieser Erde, länger als die Arroganz der Macht.

12 Und wenn ich durch das Tal des Leidens gehe, das Tal der Schmerzen, der Traurigkeit, der Schwermut, dann weiß ich, sagt der Beter des 23. Psalms, dass das Tal ein Ende hat und mein Weg mich hinausführt an mein Ziel. Selig, sagt Jesus, sind die, die das Leid tragen, solange ihnen das Tal des Todes zugemutet ist, und es nicht wegwerfen, worin immer ihr Leid bestehen mag.

13 Selig sind, die das Leid tragen: Sie leiden unter Not und Schmerzen, unter Krankheit und Tod. Sie leiden unter ihrer Unzulänglichkeit; sie leiden vielleicht auch darunter, dass so selten etwas gelingt, vielleicht unter Zwang und Gewalt, unter den Urteilen anderer, unter Müdigkeit, Überanstrengung und Niedergeschlagenheit. Sie haben sich nicht mehr voll in der Hand, sie zittern in Angst und Verlassenheit. Sie sind sich zu nichts nütze. Niemand braucht sie oder hält es für gut, dass sie da sind. Vielleicht leiden sie auch unter dem Zustand des Volkes Gottes in dieser Welt und unter dem Lauf des Schicksals der Menschen und der Welt überhaupt. Vielleicht trauern sie über ihre Schuld und Sünde und sehnen sich nach Umkehr.

14 Selig sind die, die Leid tragen, sagt Jesus, denn Gott wird sie ihrem Leid entreißen. Wer sich der Trauer überlässt und sie nicht überlärmt oder unterdrückt, ist selig; Gott wird nicht die Trauer allein aufheben, sondern auch ihren Grund.

15 Aber selig sind auch, die das Leid anderer tragen, denn sie werden trösten können. Selig sind, die das Leid anderer tragen, sie werden den leidenden Christus, den auferstandenen, zeigen können. Selig sind sie. Sie tun, was Christus tat: Er stieg in die Niederungen hinab und nahm die Last der anderen auf sich.

16 Leid tragen ist Leiden mit Christus. Getröstet werden ist Leben mit Christus. Glücklich sind, die das Leben erleiden bis an die Grenze, die der Tod ist, und den Tod bis an die Grenze, die das Leben ist. Glücklich sind sie, ihre Freude wird so groß sein, dass sie sich ausbreiten wird auch über das Herz der Trauernden um sie her. Und am Ende ist ihr Glück dies, dass da andere sind, die zu ihnen sagen: Auch im finsteren Tal fürchte ich mich nicht, denn du, Mensch, bist bei mir. In dir begegnet mir der rettende Christus selbst.

17 Der 23. Psalm fährt fort:
»Er deckt mir einen Tisch in seinem Hause,
wohin kein Feind mich verfolgt.«

Die Häuser, in denen die Menschen der Bibel lebten, bestanden meist aus kleinen, ummauerten Höfen. Lehmhütten oder überdachte Nischen standen in den Ecken der Mauern dem offen, der übernachten wollte oder essen oder plaudern. Und wenn ein Fest war und der Tisch gedeckt wurde, dann saß man mitten im Hof auf der Erde und breitete die Mahlzeit auf Strohmatten oder Teppichen aus. Und wer auf der Straße vorbeiging, sah die Festgesellschaft und nahm wenigstens aus der Ferne an allem teil, was da geschah. Wer aber in den Mauern vom Hausherrn aufgenommen war, der war geschützt.

18 So hat Jesus in Galiläa die Menschen um sich versammelt: Im Hof eines Hauses ließ er sich mit seinen Begleitern nieder, eingeladen von einem Hausherrn. Und indem er Platz nahm, war er insgeheim selbst zum Hausherrn geworden, er, der sonst nichts hat, wo er bleiben sollte. Er lud nun alle ein, die an anderen Tischen keinen Platz fanden. Und es ist wie ein Echo auf den 23. Psalm, wenn da die Leute, die auf der Straße vorbeigingen und das Gastmahl der vielen hergelaufenen, fragwürdigen oder verdächtigen Gestalten sahen, sagten: Schaut doch, mit was für einem Gesindel der zu Tisch sitzt!
Im Psalm 23 finden wir das gleiche Bild. Einer ist zu Tisch geladen. Draußen gehen die vorüber, die ihm nachstellen und sagen: Dem kommen wir nicht mehr bei, der ist geschützt. Für den tritt künftig einer ein. Und sie gehen ihrer Wege, während der Verfolgte den Schutz und die festliche Gemeinschaft eines Hauses genießt.

19 Vielleicht ist es unnötig, dass wir die Menschen, die uns nicht wohlwollen, als unsere »Feinde« bezeichnen. Vielleicht ist es unnötig, überhaupt Menschen als Feinde anzusehen. Auch dann, wenn sie es sind, die – irrtümlich – uns für ihre Feinde halten. Aber vielleicht wäre es der Mühe wert, wir könnten so leben, dass andere, die von unserem Glauben nichts wissen, im Vorübergehen sagen müssten: Der lebt so, als wäre er in keiner Gefahr. Der sieht aus, als wäre er glücklich. Der wirkt, als hätte er eine Antwort auf alle Fragen, die wir nicht beantworten können. Der hat offenbar jemand, der für ihn sorgt. Der weiß, wohin er gehört. Und vielleicht lohnte es sich zu versuchen, aus denen, die solchermaßen außen vorbeigehen, Freunde zu machen und sie – unsere »Feinde« – an den gemeinsamen Tisch des Herrn zu bitten.

20 »Du salbst mein Haupt mit Öl
und schenkst mir voll ein«,
lesen wir weiter im 23. Psalm.

Wenn man im Orient in der Zeit der Bibel einen Gast ehren wollte, holte man aus der Truhe, in der das Kostbarste lag, das man besaß, ein Fläschchen mit wohlriechendem Öl, brach es auf, schüttete es über den Kopf des Gastes aus und rieb sein Haar damit ein, so dass, wie es die Erzählung von Bethanien beschreibt, »das ganze Haus sich füllt mit dem Geruch der Salbe« (Joh 12,3). Mit dieser Salbung wollte man sagen: Du bist mir ein ganz besonders willkommener Gast. Ich liebe dich. Du bist mir wertvoll. Es ist schön, dass du da bist. Es ist für mich ein Fest.

21 Die Salbung des Haars war so das festliche Zeichen der Verschwendung, das Zeichen, das sagte: Alles, was ich habe, gehört dir, meinem Gast. Ich gebe meinen ganzen Reichtum hin für den Reichtum, dass du mein Gast bist. Und der Becher, gefüllt mit Wein, gehörte dazu. Er war das Zeichen der Gemeinschaft, und zwar aus sehr alten Zeiten schon, lange vor der Zeit, in der Jesus den Becher mit Wein zum Zeichen der Gemeinschaft zwischen ihm und seinen Tischgenossen gemacht hat.

22 Als Jesus in Galiläa die Menschen an seinen Tisch lud, da war der ärmliche Hof für wenige Stunden etwas wie der Palast eines Königs. Danach lagen Haus und Hof wieder leer. Aber einmal war er ein Palast gewesen. Einmal hatte er sich geeignet zum gemeinsamen Mahl eines in die Zukunft schauenden, glücklichen Volkes Gottes. Er ist von da an mit einer Würde ausgestattet, die ihm niemand ansieht, die ihm aber auch niemand nehmen kann.

23 Indem Jesus das Brot und den Wein reicht, verwandelt er die natürlichen Elemente in ein Mysterium. Aus gewöhnlicher Nahrung wird ein Bild der Erlösung, ein Bild für Leben, für Fest, für Gemeinschaft, für Geborgenheit, für die Zuverlässigkeit des Gastgebers. Aus einer gewöhnlichen Versammlung von Gästen wird das Volk Gottes. Und wie das Öl das Haus mit seinem Duft füllt, so soll, schreibt Paulus einmal, »der Duft des Wohlgefallens« von uns ausgehen hin zu allen Menschen, die mit uns das Haus bewohnen, das kleine in unserem Dorf oder unserer Stadt und das große Haus der Erde.

24 Was da gefeiert wird, sagt Jesus, ist eine Art Hochzeit, das Fest, an dem zwei sich einander versprechen für Zeit und Ewigkeit: Gott und du. Du Mensch und der Gott, der dich geschaffen hat und dich an dein Ziel bringt. Deine Seele ist etwas wie eine Braut. Lass dir gefallen, dass Gott für dich ein Fest feiert und dir den Tisch deckt. Und bleibe an diesem Tisch, der von nun an dein Platz ist.

25 Der 23. Psalm schließt mit den Versen ab:
»Mit Güte und Freundlichkeit
umgibt mich der Herr, solange ich lebe,
und ich habe Wohnrecht in seinem Haus
jetzt und in Ewigkeit.«

Der Schluss des Psalms nimmt noch einmal den Anfang auf, als er von dem Weg sprach, den Gott kennt und auf dem er den

Sänger des Psalms führt, und zugleich das Bild von dem Tisch, an den er sich geladen weiß und an dem er Schutz und Heimatrecht genießt.

26 Es ist, als hörten wir mit den Anfangs- und Schlussversen des Psalm 23 (siehe 1. und 2. Februar) zugleich den Psalm 84, in dem wir lesen:

> »Glücklich, denen du Kraft gibst,
> wenn sie auf dem Wege sind zu dir;
> wenn sie durch das trockene Tal ziehen,
> das Todestal in der Wüste,
> lässt du Quellen rinnen und Regen fallen,
> dass es blüht wie ein Garten.
> Sie wandern mit wachsender Kraft,
> bis sie Gott finden auf seinem heiligen Berg.«

27 Das also ist gemeint: Bleibe auf dem Weg. Fass dein Ziel ins Auge. Lass dich einen Träumer schelten von denen, die sagen: Mit beiden Beinen muss der Mensch auf der Erde stehen. Denn wer ein Ziel erreichen will, muss gehen. Wer mit beiden Beinen auf der Erde steht, kommt nicht vorwärts. Bleib nicht stehen! Komm! Und du wirst erkennen, dass du begleitet bist »mit Güte und Freundlichkeit«. Am Ende aber wirst du vor einem Haus ankommen, dessen Tür offen ist. Und es wird einer in der Tür stehen und sagen: Komm, denn es ist alles bereit.

28 Wenn du Platz nimmst in diesem Haus Gottes am Ziel deines Weges, dann wirst du deine Angst an der Tür liegen lassen, deine Sorge, deine Einsamkeit, auch alles, was du verdrängt hast in der Tiefe deiner Seele, was du versteckt hast vor Gott und den Menschen. Und du wirst auch deine Fragen zurücklassen, die du an Gott gerichtet hast. Er wird nicht nur, wie die Schrift sagt, alle Tränen abwischen und nicht nur deine Schuld von dir nehmen, er wird dir auch mit der Hand über die Stirn gehen und dich von deinen Fragen heilen, wie man ein Fieber wegnimmt. Du wirst erkennen, dass du begleitet warst auf deinem Weg mit Güte und Freundlichkeit, und du wirst glücklich sein – vielleicht nicht deshalb, weil dir nun alle Fragen beantwortet sind, wohl aber deshalb, weil du erkennst, dass in deinen Fragen kein Sinn ist. Und du wirst Wohnrecht haben in der Klarheit Gottes.

MÄRZ

1 Über »Spiritualität«, über das geistliche Leben von Christen, möchte ich in diesem Monat mit Ihnen nachdenken. Wir fassen damit jenen entscheidenden Punkt ins Auge, für den wir künftig alle Kräfte einsetzen müssen, wenn unser Glaube lebendig bleiben oder lebendig werden soll. Denn mit Spiritualität meinen wir das konkrete Leben aus dem christlichen Glauben. Es ist jener Punkt, den Karl Rahner mit seinem berühmten Spruch ins Auge gefasst hat, der Christ der Zukunft werde ein Mystiker sein oder es werde ihn nicht mehr geben.
Immer wieder werde ich gefragt: Was meinst du, wenn du von Mystik sprichst und wenn du sagst, hier liege die Zukunft der Kirche? Ich will in drei Schritten antworten:
Erstens müssen wir mehr als bisher darauf achten, was wir denn für Erfahrungen auf spiritueller Ebene machen.
Zweitens müssen wir genau hinhören, wenn zum Beispiel der Apostel Paulus, aber auch Johannes, von den inneren Wegen redet, die wir mit Christus und in Christus gehen sollen.
Und drittens müssen wir in unseren eigenen Worten und in großer Freiheit davon reden, was sich denn auf diesem Wege in uns selbst ändert, was in uns wächst. Was bei unserem Glauben herauskommt.

2 Also zum ersten Schritt: Ein entscheidender Punkt für den Einstieg in mystische Spiritualität ist das, was wir religiöse Erfahrung nennen. Wir haben gelernt, der Glaube entstehe dort, wo einer zuhört, was ihm im Namen des Evangeliums gesagt wird. Der Glaube komme aus der Verkündigung. Er nehme also den Weg über das Ohr und das Hörvermögen. Das ist wahr. Und niemand sollte davon etwas abstreichen. Wir erfinden die Wahrheit nicht selbst, sie muss uns vielmehr gesagt werden. Aber wer sind denn wir selbst, die sie hören? Was bringen wir mit? Mit uns selbst, mit unserem ganzen Menschen. Mit allem, was wir wissen, was wir erhoffen, was wir erfahren haben. Und es geht ja keineswegs allein um das Ohr. Es geht um das, was uns auf vielen anderen Wegen erreicht.

3 Wenn wir in die Bibel schauen, so nehmen wir wahr, wie Menschen auf unendlich verschiedene Weise zum Glauben kommen. Da spricht Gott, und der Mensch hört. Da erscheint Gott im Traum oder in der Vision, und der Mensch schaut. Da wirkt Gott in tausend Situationen, und der Mensch begreift. Da ist das ganze Leben voll Gotteserfahrung, und der Mensch ist glücklich und dankt. Da scheitern Menschen an ihrem Leben und ihren Aufgaben und erkennen: Das hat mit Gott zu tun. Das sind Erfahrungen mit Gott, so breit und so vielfältig wie das Leben selbst.

4 Wenn Jesus seine Geschichten erzählt, dann sagt er immer wieder: Siehe! Das heißt doch: Schau hin! Sieh genau zu, was um dich her geschieht. Die ganze Welt kann transparent werden für Gott und durchscheinend für sein Wirken. Und dann zeigt uns Jesus Bilder, zeigt Schicksale, und fordert unsere Achtsamkeit, unsere Sensibilität.

5 Unser ganzes Leben ist bestimmt und geprägt von Erfahrungen. Und diese Erfahrungen liegen wie in Schichten übereinander. Sie geschehen mit allen Sinnen, und sie geschehen auf Ebenen, die mit unseren Sinnen nichts zu tun haben. Wir nehmen auf, was um uns her tönt, was uns bedroht, was um uns her duftet, was um uns her die Menschen tun. Wir schauen und verstehen, wie das Leben um uns her und in uns selbst sich abspielt. Wir fassen die Dinge an und lernen sie kennen.

6 Darüber liegt eine zweite Ebene: Um uns her geschieht viel, was wir nicht verstehen. Dann vermuten wir, wir argwöhnen. Wir ahnen. Und manchmal geschieht es, dass etwas geschieht wie ein Aha-Erlebnis: Da bin ich bewahrt worden. Da war eine Rettung. Das war eine Führung. Und plötzlich gehen uns die Augen auf für etwas, das keineswegs sichtbar ist. Wir fühlen uns in einen anderen Menschen ein. Wir betreten innere Räume in uns selbst, die uns noch nicht bekannt waren, und stellen fest: Ach so. Das bin ich.

7 Über dieser Ebene der inneren Erfahrung liegt noch einmal eine, die davon unterschieden ist: Ich selbst habe es immer wieder erlebt, dass einer plötzlich wusste, was hundert Kilometer von ihm entfernt geschah. Oder dass er wusste, was morgen geschehen würde. Oder dass jemand Erfahrungen machte mit Verstorbenen. Und wenn dabei auch immer wieder viel Irrtum und Täuschung untergemischt war, so sind solche Erfahrungen eben dennoch von hoher Wichtigkeit, wenn wir die Welt verstehen wollen, in der wir leben. Wir bemerken dabei, dass unsere Welt Dimensionen hat, die wir nicht kennen. Was wir zu unserem Schaden nicht lernen, das ist jene Achtsamkeit, die zu unterscheiden versteht und die Jesus meint, wenn er sagt: Schau hin! Du wirst etwas sehen!

8 Auch wenn du keine übersinnlichen Erfahrungen machst, dann kann es dir noch lange widerfahren, dass du merkst: Da ist einer, der dich kennt. Da ist eine Linie in deinem Schicksal. Da sind Kräfte, die du in Anspruch nehmen kannst. Du siehst plötzlich, worauf alles hinauslaufen wird. Du siehst eine Aufgabe und fasst sie an. Und dabei kannst du die Erfahrung machen, die entscheidende: Dir geht auf, wie plötzlich alles zusammenstimmt: das Wort, das von außen kommt, das Wort, das Gottes Geist in dir selbst spricht. Und deine eigene Erfahrung und dein Ja, das du sprechen kannst. Was wir meinen, wenn wir von Mystik sprechen, das ist nicht irgendeine Geheimniskrämerei, es zielt auf deine Bereitschaft, dich unbedingt und nach allen Seiten der Erfahrung zu öffnen, dich dem Wort zu stellen und aus beidem die geistlichen Konsequenzen zu ziehen.

9 Aber nun der zweite Schritt: Was sagt die Bibel dazu? Für mich als evangelischen Christen ist die entscheidende Grundaussage des Evangeliums das, was wir die »Rechtfertigungslehre« nennen. Sie ist uns die Mitte und der Zielpunkt unseres Glaubens. Sie wird oft als merkwürdig und fremdartig empfunden, sie sagt aber etwas sehr Einfaches. Sie sagt: Was du wert bist, Mensch, das entscheidet sich nicht an dem, was du tust, sondern an dem, was du bist. Es entscheidet sich auch nicht an dem, was dir misslingt oder woran du scheiterst. Es entscheidet sich an dem, was du bist. Darüber hast du aber kein Urteil. Das liegt einzig an Gott und an dem, was Gott in dir sieht. Er sieht in dir sein Kind.

10 Es ist ja auch unter Menschen so wie bei Gott: Wenn eine Frau einen Mann liebt, dann entscheidet sich der Wert dieses Mannes nicht an dem, was er tut oder leistet, sondern an dem, was diese Frau in ihm sieht. Er ist in ihren

Augen wertvoll. Und so geben wir einander unseren Wert dadurch, dass wir einander lieben. Das Evangelium sagt: Du brauchst den Wert und den Sinn deines Lebens nicht selbst zu produzieren, du empfängst ihn wie ein Geschenk aus der Hand dessen, der dich liebt. Die Rechtfertigungslehre sagt: Nimm dieses Geschenk an. Dieses Annehmen nennen wir Glauben. Lass also allen Kampf, alle Hektik, und lebe dankbar als der Mensch, der du in Gottes Augen bist.

11 Die Rechtfertigungslehre, diese Kostbarkeit, ist eigentlich das erste Wort, das uns trifft und das uns zu Christen macht. Die Schwierigkeit dabei ist aber, dass sie gerade bei uns Evangelischen an den falschen Platz geraten ist. Sie steht bei Paulus im dritten Kapitel des Römerbriefes. Aber der Römerbrief geht danach weiter, und ihm folgen die vielen Gedanken des Paulus in seinen anderen Briefen. Diese Rechtfertigungslehre ist nicht, wie uns evangelischen Christen immer wieder scheinen will, die Mitte und der Zielpunkt unseres Glaubens. Sie ist vielmehr der Einstieg in ihn. Sie ist die Tür, durch die wir in ihn eintreten. Vor dieser Tür legen wir alles ab, was wir mitbringen. Unsere ganze Mühe und Anstrengung, alle unsere Versuche, etwas zu sein und zu gelten. Unsere Versuche, unserem Leben einen Sinn zu geben, unsere Selbstbestätigung, unsere Rechthaberei. Sie ist sozusagen die enge Pforte, von der Jesus spricht. Aber wenn wir sie durchschritten haben und aufatmen, glücklich und dankbar, dann geht es ja weiter, in immer neue Räume.

12 Wenn wir dieses Tor durchschritten haben, sagt uns Paulus: Nun kann sich auch in dir selbst etwas wandeln. Es muss nicht alles bleiben, wie es ist. Es kann etwas in dir wachsen und gedeihen, es kann in dir selbst eine Kraft erwachen, die du nicht aus dir selbst hast. Es kann ein Mut

entstehen, der nicht aus dir selbst ist. Du kannst Einblicke gewinnen in die Rätsel deines Daseins, die du vorher nicht hattest.
Er sagt: Der Geist Gottes will in dir Wohnung nehmen. Er sagt: Christus kann in dir selbst eine Gestalt gewinnen. Er sagt: Du kannst zu einem Ort werden, an dem Christus den Menschen vor Augen tritt.
Johannes sagt das so: Gott selbst will in dir zur Welt kommen. Er will in dir geboren werden. Du wirst in Gott und Gott wird in dir sein.

13 Paulus fragt: Wie kannst du denn dazu kommen, etwas von Gott zu wissen? Und er antwortet: So, dass sein Geist in dir anfängt zu sprechen.
Er sagt: Wir leben nicht allein. Aber wie gehören wir mit anderen Menschen zusammen? Er antwortet: Wir gehören zusammen, weil Christus in uns ist, weil wir miteinander der Leib sind, den Christus in dieser Welt annimmt.

14 Paulus fragt: Was für einen Weg können wir nun gehen, damit unser Leben sein Ziel findet? Er antwortet: Wir gehen den Weg, den Jesus Christus gegangen ist. Wir gehen den Weg, der mitten durch Leiden und Opfer führt und auf dem unser Leben seine Ähnlichkeit findet mit seinem Weg. Er fragt: Woher nehmen wir die Kraft? Er antwortet: Aus dem Geist Gottes, der in uns wirkt.
Er fragt: Was ändert sich in uns selbst eigentlich durch den Glauben? Er antwortet: Wir werden immer deutlicher zu einem Bild Gottes. Wir spiegeln ihn. Unser Gesicht gewinnt die Ausstrahlung, die von Christus ausgeht. Und das geht über die Rechtfertigungslehre weit hinaus.

15 Paulus fragt: Gibt es denn etwas wie Erleuchtung? Und er antwortet: Ja, das gibt es. Gott, der das Licht aus der Finsternis geweckt hat, ist als heller Schein in unseren Herzen aufgegangen und hat uns erleuchtet. Wir spiegeln mit offenem Gesicht den Lichtglanz des Christus, und er wandelt uns mehr und mehr in das große Licht, das aus Gott kommt. Nur: Achte darauf, dass du nicht meinst, du seist nun dein eigenes Licht. Wer der aufgehenden Sonne entgegengeht, der wendet seine Stirn dem Gestirn zu. Seine Stirn leuchtet. »Christus, erleuchte uns«, betet die Kirche seit alters und spricht ihn an: »Sonne dieser Welt und der Welt, die kommt.«

16 Erleuchtung bedeutet für uns Christen nie, dass unser eigener Geist plötzlich überquillt von Leuchtkraft, sondern dass uns ein Licht getroffen hat, das unsere Stirn hell macht. Etwa nach der Weise der Spiegelung, die Jesus selbst beschreibt, wenn er zugleich sagt: »Ich bin das Licht der Welt« und »Ihr seid das Licht der Welt«. Wen dieses Licht getroffen hat, der schaut anders in die Welt und wird von den anderen Menschen anders wahrgenommen.

17 Paulus fragt: Wie können wir mit Gott reden? Er antwortet: So vor allem, dass Gott unsere Stummheit aufhebt und selbst in uns spricht. Gottes Geist spricht im entscheidenden Augenblick in uns selbst, und wir brauchen ihm nur die Stille zu geben, in der er hörbar werden kann.

18 Paulus fragt: Auf was für ein Ziel hin will Gott uns wandeln? Er antwortet: Die Gestalt der Tochter und des Sohnes hat uns Gott zugedacht, sodass am Ende Christus der Älteste ist unter vielen Geschwistern. Wo der Geist des Christus ist, da ist Freiheit. Und in dieser Freiheit leben und handeln wir. In sein Bild werden wir verwandelt. Wie wir das Bild des irdischen Menschen getragen haben, so werden wir das Bild des himmlischen Menschen tragen. Die ganze Fülle Gottes, sagt der Epheserbrief, die ganze Fülle Gottes wird uns ausfüllen.

19 Paulus fragt: Wie kann das alles in uns anfangen? Und er antwortet: Du musst aufwachen. »Wach auf«, sagt er, »du Schläfer, dann wird dir das Licht des Christus aufgehen« (Eph 5,14). Dieses Wachwerden kann auf sehr verschiedene Weise geschehen. Und es kann geübt werden. Es kann immer wieder geschehen, wenn uns unsere Träume das Bewusstsein genommen haben. Und es kann am Ende zu jener Wachheit und Gegenwärtigkeit führen, die wir den Glauben nennen.
Wenn dies alles keine Mystik ist, dann hat es auf dieser runden Erde noch nie irgendwo etwas wie Mystik gegeben. Wenn das keine Mystik ist, dann fresse ich zwei Besen auf einmal.

20 Paulus aber sagt mit dem allem nichts anderes als Jesus selbst, wenn er sagt: Du, Mensch, bist ein Acker. Du bist nicht ein Stein, du bist lebendige Erde. In dich will etwas hereinfallen wie ein Same, nämlich mein Wort. Was ich dir sage, das nimm auf. Es wird in dir aufquellen, aufbrechen, aufwachsen. Was ich das Reich Gottes nenne, das soll aus dir hervorwachsen wie aus einer guten Erde und soll die Frucht hervorbringen, die zu Brot wird. Ich kann in dir mehr geschehen lassen, als du meinst. Dein Leben hat diesen tiefen und wichtigen Sinn: Es soll das Gottesreich auf dieser Erde vor-abbilden.

21 Johannes sagt es so: Wir müssen aus Gott geboren werden. An uns muss etwas geschehen wie eine Geburt aus dem Geist. Und er meint mit dem Geist eine Art von Überschneidungsgebiet zwischen Gott und uns Menschen. Gottes Geist, sagt Luther, das ist die Flamme des Herzens, das ausstrahlt, was Gott will.

22 All das werden wir Christen miteinander wieder neu entdecken müssen, wenn unsere Kirche in diesem Jahrhundert nicht in der Bedeutungslosigkeit versinken will. Wir werden die Rechtfertigungslehre durchschreiten müssen und den weiten Raum des spirituellen Lebens finden, den Paulus uns zeigt. Und all das meinte Karl Rahner, wenn er sagte: Der Christ der Zukunft wird ein Mystiker sein oder es wird ihn nicht mehr geben.

23 Aber nun zum dritten Punkt: Wie werden wir also von unserem Glauben reden?
Wir haben ein Glaubensbekenntnis. Das redet davon, wer oder was nach unserer Überzeugung Gott sei, wer Jesus Christus und wer oder was der Heilige Geist. Das ist gut so, auch wenn man lange darüber streiten kann, wie denn das besser zu formulieren sei. Was uns fehlt, das ist ein Bekenntnis, das aussagt, was mit uns geschehen sei oder geschehe, was aus uns geworden sei oder wird, wie wir uns selbst verstehen, was wir von uns selbst glauben.

24 Dieses zweite Glaubensbekenntnis nach dem ersten könnte etwa so lauten:
Ich muss meinen Wert nicht selbst herstellen. Den gibt mir die Liebe Gottes.
Ich vertraue nicht auf meine Leistung. Ich scheitere nicht an meinem Versagen. Mich hält die Liebe Gottes.
Ich ängste mich nicht. Ich stehe in Gottes Hand und werde in ihr bleiben. Ich kann aufatmen und leben.

Wenn ich falle, dann ist einer, der mich auffängt.
Ich lebe mitten im Streit doch im Frieden. Nichts kann mir schaden.

25 In mir ist Gott. Ich bin in Gott. Ich ruhe in der Ruhe Gottes.
Das Leid und das Unglück, die mich treffen, sind nicht das Letzte. Wenn die Nacht vorüber ist, wird Tag sein. Und der Tag wird mich in Licht verwandeln.
Ich höre eine ferne Musik. Ich höre, dass alles gut sei. Gott ist alles in allem. Er ist alles auch in mir.
Sie mögen dieses zweite Glaubensbekenntnis auch in ganz andere Worte fassen. Aber es muss Ihr Glaubensbekenntnis sein, und es muss so lauten, dass auch andere es mitsprechen können.

26 Und danach könnten wir in einem dritten Glaubensbekenntnis beschreiben, wie das praktische Leben eines Christen aussehen wird. Etwa so:
Ich scheue mich nicht, den Kürzeren zu ziehen. – Das ist der Weg zur Gerechtigkeit.
Ich lasse mir etwas entgehen. – Das ist der Weg zur Rettung der Erde.
Ich verzichte darauf, immer siegen zu wollen. – Das ist der Weg zum Frieden.

27 Ich sorge nicht immer nur für mich selbst. – Das ist der Weg zum Glück.
Ich warte nicht immerfort auf einen Lohn. – Das ist der Weg zur Erfüllung.
Ich versuche nicht ständig, mich zu sichern. – Ich gehe frei auf einem offenen Weg.

28 Ich suche nicht, mich selbst zu verwirklichen. – So gewinne ich mich selbst.
Ich lasse mich los und liebe. – So werde ich mich selbst in die Hand bekommen.
Wenn wir solchen Regeln nachleben, dann sind wir nicht weit von denen, die Jesus die »Glücklichen« nennt.

29 All das gibt zusammen den Lebensberuf eines freien Christen. Steh auf!, sagt Jesus. Ich lasse mir also meine Schuld abnehmen und richte mich auf. Gott will mich leicht und fröhlich. Niemand als Gott allein steht über mir. Ich kann für meine Überzeugung stehen gegen jeden Trend und gegen jede Macht. Mir ist die Wahrheit gezeigt. Also kann ich in meinem Kopf Klarheit schaffen. In mir selbst ist Frieden, also übe ich mich darin, Frieden zu stiften. Und all dies meint das Wort von der mystischen Spiritualität.
Ich bin zu Hause bei Gott. Der Tisch ist frei. Er ist gedeckt. Das Haus ist offen. Ich sehe mein Ziel vor mir. Ich kann leben und glücklich sein.

30 Im Epheserbrief lese ich: »Das Licht ist da. Leuchte nun aus Christus, der das Licht ist. Lebe wie ein Kind des Lichts.«
Der Sinn dieses Worts ist mir aufgegangen, als ich mit Beduinen der arabischen Wüste am nächtlichen Feuer saß. Da redete einer blumenreich von den Söhnen des Feuers. Er meinte die Funken, die aus dem Feuer herauswirbelten, ein paar Augenblicke glühend durch die Nacht flogen und verlöschten.

31 So also sollen wir leben. Wir kommen aus dem Feuer, das Christus ist, und fliegen durch die Dunkelheit, bis wir verlöschen. Aber dieser kurze Flug ist nun ein weithin sichtbares Zeichen für das Feuer, aus dem wir kommen.

Mein eigener Flug wird bald zu Ende sein. Aber ich weiß, dass wir Menschen nicht nur von einem Licht ausgesandt sind, sondern dass das Licht uns am Ende aufnehmen wird und wir im Licht bleiben. Und das zu wissen, ist der letzte Sinn des christlichen Glaubens.

APRIL

1 Ich wünsche Ihnen einen guten Tag. Einen guten Morgen, an dem es Ihnen nicht ganz so schwerfällt wie sonst, aufzustehen und es mit dem Tag aufzunehmen. Mit dem Rennen und Laufen, das jetzt beginnt. Einen Morgen, an dem die Angst vor allem, was kommt, nicht so schrecklich überhand nimmt. Es soll ja Leute geben, die wie eine Lerche mit einem Lied auf den Lippen aus dem Bett steigen. Aber wem das nicht liegt, der braucht das nicht nachzuahmen. Da war man für einige Stunden im Land der Träume und soll plötzlich wieder da sein und der Uhr nachlaufen. Damit alles immer so weitergeht. Das ist ja keine Begeisterung wert.

Auf der anderen Seite ist es mit dem Aufwachen eine erstaunliche Sache. Da kommt man aus der merkwürdigen Welt der Träume zurück. Leib und Seele finden sozusagen wieder zusammen, der Kopf fängt wieder an, normale Gedanken zu denken, und die Erinnerung an gestern und vorgestern ist wieder da.

2 In unseren Morgenliedern gibt es Verse, die das Aufwachen wie eine Art neuer Schöpfung empfinden. Da heißt es zum Beispiel im Lied »Lobet den Herren, alle die ihn ehren« von Paul Gerhardt:

> »Dass unsre Sinnen wir noch brauchen können
> und Händ und Füße, Zung und Lippen regen,
> das haben wir zu danken seinem Segen.
> Lobet den Herren.«

Wenn man es so ansieht, dann ist das Aufwachen etwas Schönes. Man kann wieder etwas tun. Etwas erleben. Etwas sagen, anderen zuhören. Man steht wieder aufrecht und nimmt seinen Tag in die Hand. Man regt seine Kräfte wie die Bäume, die jetzt wieder ihre Blätter treiben und ergrünen.

3 Vor einigen Tagen war Ostern. Da ging es um das Auferstehen. Nein, eigentlich ging es um ein Aufstehen. Eines Tages, sagt das Evangelium, wenn du oft genug geschlafen hast und wieder aufgestanden bist, dann schläfst du auf eine ganz andere Art ein und wachst auf eine ganz andere Art auf. Dein ganzes Leben wird hinter dir liegen wie ein Traum. Du wirst erwachen und aufstehen und eine ganz andere Art von Welt schauen.

4 Einmal gebraucht die Bibel ein beklemmendes Gleichnis für dieses Einschlafen und Aufstehen der anderen Art. Sie sagt: Stell dir einen Karren vor, einen Lastkarren. Davor einen müden, abgehetzten Gaul. Der bist du. Auf dem Bock sitzt einer mit einem langen Stecken. An der Spitze ist ein scharfer Haken, wie ihn die Fuhrleute damals in der Hand hatten. Mit diesem spitzen Haken schlägt oder reißt er an dem armen Tier herum und treibt es, immer weiter, bis es zusammenbricht und liegen bleibt.

5 Wenn du wissen willst, wer das ist, der dich dein ganzes Leben entlang hetzt, bis du liegenbleibst: Das ist der Tod. Der ist schon, während du frisch und gesund bist, an der Arbeit. Und wenn du wissen willst, was mit dem Haken an dem langen Stecken gemeint ist, der dich immer vorwärts treibt – dem kannst du verschiedene Namen geben: Das ist dein Ehrgeiz, der dir keine Ruhe lässt. Das ist dein Erlebnishunger, der fürchtet, du könntest etwas versäumen. Deine Geldgier, die meint, andere hätten ja auch mehr. Oder deine Angst, du könntest nicht mitkommen. Jedenfalls sitzt dort einer auf dem Bock und jagt dich. Und du läufst und läufst, bis dein Ehrgeiz nicht mehr kann und dein Erlebnishunger keine Erlebnisse mehr findet.

6 Du läufst und läufst, bis du nicht mehr kannst ... Aber dann, so sagt Jesus, dann am Ende, hat der Tod gar nichts erreicht. Dann wirst du aus dieser Welt der Arbeitstiere und Treiber aufwachen und ein Mensch sein, ein freier Sohn Gottes, eine Tochter Gottes. Dann werde ich dich verwandeln. Du wirst erwachen und aufstehen. Den Weg gehe ich dir voraus. Geh ihn mir nach. Und Paulus zieht das Fazit: »Der Tod hat seine Sache verloren. Tod, wo ist dein Sieg? Wo ist dein Stachelstecken? Wir aber danken Gott, der uns den Sieg gegeben hat, durch Jesus Christus, unseren Herrn« (1 Kor 15,55–57).

7 Gehen Sie einmal einen Tag lang davon aus, dass Zwang und Hetze nicht ewig gehen. Dass Gewalttätigkeit und Unmenschlichkeit nicht das Letzte sind. Gehen Sie davon aus, dass Sie ein ganz anderes Aufstehen vor sich haben, ein Aufstehen in die Freiheit. Und gehen Sie davon aus, dass die Menschen um Sie her, die oft ebenso getrieben sind wie Sie, dasselbe Aufstehen vor sich haben. Man geht anders miteinander um, wenn man einander diese Würde lässt.

8 Wir feiern Ostern. Wir feiern Auferstehung. Wir lesen die Erzählungen und Aussagen des Neuen Testaments über die Auferstehung Christi. Und vielleicht ist uns der Gedanke an die Auferstehung der Toten gar nicht so fremd, denn er liegt ja, sobald wir anfangen aufmerksamer zu leben, nahe.
Fremd aber muten uns die Geschichten um die Auferstehung Christi überall dort an, wo uns scheint, es gehe dabei zu leiblich zu – wenn Christus etwa isst, wenn er sich anfassen lässt, wenn der Leib nicht mehr zu finden ist am Ostermorgen. Fremd auch mutet uns der Glaube an, wie er in den Bekenntnissen der Kirche niedergelegt ist, wenn wir da nicht nur glauben sollen, dass wir auferstehen, sondern dass wir es leiblich tun werden.

9 Was sollen wir uns vorstellen unter der Auferstehung des Leibes? Die Frage ist nicht neu. »Wie soll das zugehen?«, fragt schon Paulus im 15. Kapitel des 1. Korintherbriefes. »Manche fragen mich«, schreibt er, »wie man sich den Körper, den Leib der Toten denken könne, wenn der Leib auferstehe.« Aber er wehrt sich zugleich gegen allzu einfache Antworten. Es ist doch nicht so, sagt er, dass die Toten einfach so weiterleben wie hier. Es ist doch wie auf einem Acker: Man wirft ein Korn in die Erde, aber Leben entsteht daraus erst, wenn das Korn stirbt. Was man sät, ist ja nicht die Pflanze, die entstehen soll, sondern lediglich ein Korn, vielleicht ein Weizen oder eine andere Getreideart. Wenn das Korn zugrunde gegangen ist, schafft Gott aus ihm einen Organismus nach seinem Plan, und zwar für jedes Korn einen besonderen, wie es jeweils seiner Art entspricht.

10 Paulus fährt fort: Es gibt auch sehr verschiedene Arten von Fleisch. Es ist nicht das gleiche, ob wir vom Fleisch des Menschen sprechen oder vom Fleisch des Viehs oder des Wildes, der Vögel oder der Fische. Außerdem gibt es himmlische und irdische Körper. Sie unterscheiden sich nach ihrem Glanz, ihrem Licht und ihrer Schönheit. Es ist ja etwas anderes, ob wir vom Licht der Sonne sprechen oder vom Licht des Mondes und seinem Glanz oder vom Schimmer der Sterne. Ja, es ist auch zwischen Stern und Stern noch immer ein großer Unterschied, was ihre Leuchtkraft und Helligkeit betrifft.

11 Mit der Auferstehung der Toten wird es nicht anders sein, fährt Paulus fort: Was man in die Erde legt, hat den Tod in sich; was aber aufersteht, ist von einer Art, der der Tod nichts anhaben kann. Was man in die Erde legt, ist wertlos, was erweckt wird, ist von herrlicher Schönheit. Was man begräbt, ist am Ende seiner Vitalität, was auferstehen wird, hat die Lebenskraft Gottes in sich. Man begräbt einen Leib, der durchdrungen war vom Leben der Seele, Gott aber wird einen Leib schaffen, der durchdrungen ist von seinem Geist. Und darauf bauen wir: Hier auf dieser Erde haben wir das Bild und die Gestalt des irdischen Menschen getragen. In der Auferstehung werden wir das Bild und die Gestalt des himmlischen Menschen gewinnen. – Soweit Paulus.

12 Vielleicht erwarten Sie das nicht – aber auch bei mir regt sich jedes Mal ein kräftiger innerer Widerstand, wenn ich im Apostolischen Glaubensbekenntnis an die Stelle komme: »Credo in carnis resurrectionem« – »Ich glaube an die Auferstehung des Fleisches« (wie man früher sagte; heute sagt man etwas vorsichtiger: Auferstehung des Leibes, Auferstehung der Toten). Jahrhunderte lang hat dieses Bekenntnis unablässig Missverständnisse produziert. Als ob das Fleisch, der Leib, in dem wir leben und sterben, wieder lebendig würde! Natürlich meint die Kirche etwas anderes.

13 Paulus sagt: Du Narr, was du ins Grab legst, wird doch nicht mehr lebendig! Er meint, wenn er »Narr« sagt, sicher auch die Theologen und Kirchenleute, die noch heute seinen ersten Brief an die Korinther nicht lesen können und das Glaubensbekenntnis bis zum heutigen Tag nicht auf den Stand dieser Erkenntnis gebracht haben, obwohl sie als Ausleger der Heiligen Schrift dazu verpflichtet wären.

14 Dem Gedanken der Auferstehung des Leibes lagen ursprünglich einmal allerdings ein paar wichtige Erkenntnisse zugrunde. Zum Beispiel: Ich glaube, dass ich leben werde. Und zwar nicht so, dass ich mich im Meer der Gottheit auflöse wie ein Tropfen Wasser, sondern so, dass ich der sein werde, der ich bin. Ich werde also wieder ein ganzer, eigener Mensch sein, und zwar in der neuen und anderen Gestalt, die mir in der Auferstehung verliehen wird. Oder dies: In den ersten Jahrhunderten unserer Zeitrechnung, also in der ersten Zeit der Kirche, neigten Christen und Nichtchristen gleichermaßen zu der Meinung, der Mensch bestehe recht eigentlich aus seiner Seele, der Leib aber sei nicht nur ein minderwertiger Zusatz, er sei vielmehr ein Erzeugnis des Teufels und ein Gefängnis der Seele. Alles Böse komme vom Leib.

15 Jesus hat das Böse keineswegs im Leib gesucht, sondern in der Seele und im Bewusstsein des verantwortlichen Menschen. Für ihn hieß Glauben immer tiefere Annahme und Bejahung des leiblichen, des erdhaften Menschenlebens. »Und das Wort ward Fleisch«, bezeugt das Johannesevangelium (Joh 1,14). Für die Bibel war der Leib des Menschen schon tausend Jahre vor Jesus eine schöne, eine gute, eine großartige Schöpfung Gottes.

Das ganze Alte Testament ist voll von Staunen und Dankbarkeit für dieses so unglaublich sinnvolle und sensible Instrument.

16 Dies wollte die frühe Kirche in ihrem Glaubensbekenntnis ausdrücken, das bekannte sie gegen den Geist ihrer Zeit: Der Leib sei ein gutes Werk Gottes und vom Menschen nicht abzulösen. So griff sie nach dem höchsten Punkt, der ihr erreichbar war, und sprach davon, auch der Mensch, der nach seinem Tod in ein neues Leben eintrete, werde wieder ein leibliches Wesen sein, der Leib habe also an der Auferstehung teil. Das war eine Bekenntnis zur Unteilbarkeit des Menschen und zugleich Ausdruck für die höchste Würde, die man dem leiblichen Leben zusprechen konnte.

17 Dann begann das Unglück. Man behielt nun auf der einen Seite die missverständliche Formulierung: Auferstehung des Fleisches, Auferstehung des Leibes. Und man behielt auf der anderen Seite, was damals allgemeine Meinung war: die Überzeugung nämlich, der Leib sei das Minderwertige, von dem ein guter Christ sich nach Möglichkeit fernhalte und das er am besten so bald wie möglich abstreife. Man empfand den Widerspruch überhaupt nicht und ahnte nicht, wie unglaubwürdig man das eigene Bekenntnis machte. Und ich frage mich, warum wir aus dieser Schizophrenie nicht herauskommen. In der Bibel kann der Grund nicht liegen. Bei Jesus schon gar nicht. Es muss da wohl in den Christen, vorab in manchen Theologen, das eine oder andere nicht ganz so aufgeräumt sein.

18 Was ist da nicht aufgeräumt? Ich denke zunächst noch nicht an die Auferstehung des Leibes, sondern etwa an den Umgang mit unserm Leib hier auf dieser Erde.

Wer die Leidensgeschichten von Frauen und Männern wahrnimmt, die auf keine Weise glücklich werden und auf keine Weise fähig sind, glücklich zu machen, weiß es: Das leibliche Leben, das leibliche Lieben ist bei uns in so trostlose Verwahrlosung versunken, dass uns dringend seelische Kultur nottäte, Verfeinerung, Einbeziehung der Seele in den Umgang mit dem Körper. Das Schlimme ist nicht eigentlich die Unmoral, und die Rettung liegt nicht in härterer Disziplin: Das eigentlich Hilfreiche wäre, dass wir lernten, mit unserem eigenen und mit dem Leib eines anderen Menschen liebevoller umzugehen, sorgsamer, ehrfürchtiger und dankbarer.

19 Dass die Liebe das Wichtigste auf der Welt sei, das geht uns Christen mühelos von den Lippen. Wann werden wir endlich begriffen haben, dass es eine Liebe, die den Leib nicht braucht, überhaupt nicht gibt?

20 Wir haben einen Körper nicht als Zusatzausstattung, sondern wir sind Körper. Ich kann keine Grenze sehen zwischen Leib und Seele. Ich kann auch zwischen Geist und Seele keine Grenzen erkennen. Wir bestehen doch nicht aus Teilen. Was Geist oder Seele denken oder empfinden, vollzieht sich im ganzen Körper mit. Was dem Körper widerfährt, das widerfährt auch dem Geist und der Seele unmittelbar.
Aus der Kasernenhofsprache ist der dumme Witz überliefert, dass da ein Unteroffizier fragt: In wie viele Teile zerfällt das Maschinengewehr? Und der Rekrut antwortet: Das kommt darauf an, wie man es hinwirft. Ich fürchte, dass wir über den Menschen und seine zwei oder drei angeblichen Teile noch immer nicht differenzierter nachdenken als der Unteroffizier über sein Maschinengewehr.

21 Wir sind Körper, vom Geist beseelt. So oder ähnlich mag man sagen, wenn man die Einheit und Ganzheit des Menschen begreifen will. Und auch die Liebe wird immer leiblich sein. Wer keinen Leib hat, kann nicht einmal sagen: Ich liebe dich. Und niemand wird einen Menschen anschauen können, wenn sein Leib nicht seinen Dienst tut. Unsere entscheidenden Fähigkeiten und Kräfte spielen auf unendlich feine und differenzierte Weise hin und her zwischen Geist und Seele und Leib und haben an allem und am Ganzen teil.

22 Nun aber werden wir Tag um Tag älter. Unser Körper wird schwächer und hinfälliger. Und es wird unsere Aufgabe sein, uns mit seiner schwächer werdenden Leistung einverstanden zu erklären. Einverstanden mit seinen Krankheiten und seiner Hinfälligkeit. Einverstanden mit der beginnenden Verwandlung, die an uns geschieht.
Was geschieht denn am Ende mit uns? Was kommt auf uns zu? Eine Rückkehr in das Leben auf dieser Erde gewiss nicht. Überhaupt keine Rückkehr. Was kommt, trägt einen anderen Namen. Den Namen Auferstehung.

23 Der Übergang vom Leben in den Tod ist fließend. Vieles im Leben ist in Wirklichkeit schon Tod, und vieles, das nach Abnehmen und Sterben aussieht, ist voll Leben. Man lernt als Christ im Lauf seines Lebens die Dinge und Menschen anders erfahren. Man erlebt, wie der Raum zum Leben enger wird, und man gewinnt zugleich den Blick über die enger werdenden Grenzen hinaus.

24 Wir sind gewohnt, während unserer tätigen Jahre alles von unseren Gedanken zu erwarten, von unserem Bewusstsein. Wir sagen: Ich bin, was ich von mir weiß. Ich bin der, der »Ich« sagt. Ich bin der, der will und handelt, der gestaltet und kämpft. Das ist gewiss naiv, aber es mag, solange wir jung und tätig sind, einigermaßen hingehen. Aber wir sind viel mehr, als wir von uns selbst wissen. Nicht nur in dem Sinn, in dem die Psychologie von unbewussten Bereichen in uns spricht. Wir sind auch über das hinaus, was die Psychologie sagt, größer und weiter und tiefer, als wir ahnen. Was wir über uns selbst wissen, auch wenn wir in unser Unbewusstes absteigen, was wir überhaupt bestenfalls wissen können, ist ein Ausschnitt von uns. Schmal, eng. Voller Täuschungen.

25 Unsere Welt ist größer, als wir je wissen können, und tiefer und geheimnisvoller. Auch wir selbst sind größer, als wir meinen, tiefer und geheimnisvoller. Es ist ein Bild in uns, an dem wir abschauen, wer wir sind: das Bild, das Gott von uns hatte, als er uns schuf.

26 Im Laufe der Jahre kann sich durchaus der große und weite Raum der Söhne und Töchter Gottes öffnen. Und wer diese Freiheit einmal eingeatmet hat, der geht seinen Weg in Gelassenheit. Der weiß endgültig, wie unsinnig es ist, den Menschen vom Tier her zu verstehen. Ich verstehe ihn nur vom Geist Gottes aus, von dem schöpferischen, lebendigen Geist aus, der mir mein Leben gegeben hat und der mich neu lebendig macht, wenn ich den Schritt über die Grenze getan habe.
Wir sollen uns nicht vom Leib aus höher entwickeln bis zum Geist, sondern wir kommen aus dem Geist und bejahen den Leib, liebevoll und freundlich. Was wir später sein werden, meint Paulus, das ist leiblich und geistig zugleich. Das ist jene Einheit in uns, die wir jetzt schon erfahren, wenn wir glücklich sind, wenn das Glück und die Liebe uns gelingen.

27 Was wird aus uns, wenn wir gestorben sind? Paulus sagt: Was aus dir wird, das kannst du durchaus ahnen. Aber du verstehst es nur, wenn du Bilder zu Hilfe nimmst. Da ist ein Samenkorn. Wenn ihm Leben bestimmt ist, sieht es so aus, als würde es sterben. Das Korn geht zugrunde. Und was entsteht, ist neu, ist anders. Es ist noch ein Korn, das da wächst, und ist es doch nicht. Die Gestalt, die es annimmt, ist anders. Aber es ist wieder eine Gestalt.

28 Das Neue Testament sagt: Wenn du gestorben bist, wirst du einen neuen Namen bekommen. Aber es wird dein Name sein. Du bist nicht mehr der Alte und bist es doch. Deinen neuen Namen kennt niemand, nur du selbst wirst ihn hören.
Was lebendig wird, ist nicht der Leib, den du hier getragen hast, sondern ein ganz anderer. Aber es wird ein Leib sein, ein geistiger, wenn du so willst, ein seelischer oder wie immer. Und er wird dein Instrument sein, mit dem du in dem Leben, das Gott für dich hat, wirken kannst, dich freuen oder Liebe zeigen. Und so wird deine Auferstehung leiblich sein.

29 Es ist nicht so, dass wir in zwei verschiedenen Welten leben. Es gibt nur eine Welt. Aber die ist größer, als wir meinen, und hat Dimensionen, die uns unzugänglich sind. Wir Menschen sind Wesen im Übergang aus der kleinen in die größere Welt. Wesen im Übergang in die Freiheit. Wir stehen gleichsam am Ufer zwischen den verschiedenen Bereichen oder Zonen oder Schichten der Wirklichkeit und wandeln uns von der einen in die andere hinüber.

30 Wir brauchen nicht alles zu wissen. Wir denken in Bildern und wissen zugleich, dass die Auferstehung der Toten noch einmal anders sein wird, als unsere Bilder es sich ausmalen. Wir müssen nicht alles verstehen. Aber wir können offen sein für das Unbekannte und Neue, das mit uns geschieht. Und diese Offenheit ist wichtig.

MAI

1 Über die Liebe, die Leib und Seele des Menschen ergreift, will ich nachsinnen. Über die Liebe, die aus zarten Anfängen heraus zu einer Kraft werden will, die ein ganzes Leben durchformt. Die aber nicht im schmalen Miteinander zweier Menschen bleibt, sondern in alles hinausgreift, was unter Menschen geschieht. Die am Anfang der Gerechtigkeit in der Welt ebenso steht wie am Anfang des Friedens unter den Menschen. Am Anfang aller Hingabe, aller Sorgsamkeit, allen Einstehens des einen für den anderen. Deren Sinn es ist, tragfähige Grundlage zu sein für alles, was an Schicksalen getragen werden muss. Ich will also von etwas reden, das man eigentlich erst in meinem Alter sagen kann, weil man es erfahren hat: dass eine Liebe einen Menschen wie mich in sehr jungen Jahren berührt und erfasst und ihn nun seit mehr als sechzig Jahren begleitet und behütet. Sie hat mir gezeigt, wie das Leben bestanden werden kann. Was davon bleibt. Was gilt. Und was am Ende ein gutes Ende ist.

2 Wenn ich in angemessener Weise von der Liebe reden wollte, so müsste ich singen können. Das kann ich nicht. Ich kann nur reden. Oder ich müsste wenigstens ein Dichter sein. Oder ich müsste mit Versen aus allen Sprachen der Erde von dem Geheimnis reden, das in der Seele eines jungen Menschen erwacht, von dem Traum, in dem alles beginnt, von dem Zauber, in dem die ersten Annäherungen sich verbergen. Ich könnte auch die hinreißenden Liebeslieder der Bibel lesen, die das Hohelied hat, wo der Liebende bekennt: »Du hast mein Herz bewegt. Du hast mein Herz geweckt mit einem einzigen Blick deiner Augen.«

Da begegnen also einander Augen, staunend, erschreckt. Hände berühren einander. Zartheit erwacht in eigensinnigen Kindern, langsam wächst etwas wie Nähe, etwas wie Vertrautheit mit den Gedanken des anderen, mit seiner Seele, mit seiner Schönheit. Es entsteht ein Mut, den Zauber walten zu lassen, der Mut, mit offenen Augen zu träumen. Der Mut vielleicht gar, es mit dem Leben aufzunehmen. »Liebe ist ein Wort aus Licht«, schreibt ein Dichter, »geschrieben von einer Hand aus Licht auf ein Blatt von Licht.«

3 Aber dann zeichnet sich ein Weg ab. Ein erstes Versprechen wird laut und gibt den Mut zu ersten Schritten. Worte und Zeichen sagen: Ich biete die Hand. Bau du deine Liebe darauf. Dein Leben. Ich lasse dich nicht fallen. Und dann muss die Liebe gelernt werden. Denn am Anfang liebt jeder im anderen etwas wie sein eigenes Bild. Er schaut in einen Spiegel auf seinen eigenen Traum. Wer nicht am Spiegel vorbei den anderen wahrnimmt, kann ihn nicht lieben. Die wirkliche Liebe aber macht nicht blind, sie macht sehend. Der Liebende sieht mit wachen, offenen Augen, und niemand sieht das Leben, seine Schönheit und seine Gefahr, so deutlich.

4 Es geht bei der Liebe nicht nur ums Sehen, sondern auch ums Glauben. Woher weiß denn eine Frau, ob die Liebe eines Mannes Belastungen aushält? Sie glaubt es und ist glücklich. Woher weiß sie, ob ihre eigene Liebe wirklich Liebe ist und nicht vielleicht etwas ganz anderes? Sie glaubt an die Wahrheit ihrer Liebe und wird dabei zur Liebe fähig. Glauben heißt ja nicht, ungenau denken, es heißt, seiner Sache gewiss sein.

5 Dann beginnt der Weg. Und für die lange Zeit, die beginnt, ist es heute wichtig, mehr als bei unseren Voreltern, dass beide selbstständige Menschen sind und bleiben und keiner des anderen Dienstbote ist. Dass jeder die Freiheit hat zu wachsen und sich zu wandeln. Niemand kommt liebesfähig auf die Welt, aber jeder ist auf der Welt, um zu lieben, auf diese oder eine ganz andere Weise. Und heute ist uns wichtiger, dass beide miteinander gehen, als dass der eine allein in der Sonne bleibt. Wir haben ein einziges kostbares Leben. Das legen wir zusammen mit dem Leben des anderen und vertrauen darauf, dass es am Ende reich sein wird. Wenn eine Frau und ein Mann sich einander anvertrauen, gehen sie im Grunde das einzige wirklich große Wagnis ein, das ein Menschenleben hat. Die Wörter Weg und Wagnis kommen aus derselben sprachlichen Wurzel. Alles steht auf dem Spiel, und nur wer das Ganze wagt, wird die ganze Liebe kennenlernen.

6 Natürlich muss niemand heiraten, der es nicht will. Es gibt viele Wege. Viele sind möglich. Wenn wir aber sagen: Das soll gelten, bis der Tod uns scheidet, dann liegt darin nicht eine steile, harte Moral, sondern ein starker Trost und ein Grund zu tiefer Dankbarkeit. Und ich finde es gut, dass wir einmal im Leben bei unserer wichtigsten Entscheidung eine Frage beantworten müssen, die aufs Ganze geht. Ich finde es gut, dass wir einmal im Leben auf unser Stehvermögen angesprochen werden und auf die Klarheit eines endgültigen Willens. Auf unseren Mut, ein Wagnis einzugehen, das uns für den Rest unserer Tage bindet.

7 Aber warum schließen wir eine Ehe für die ganze lange Zeit unseres Lebens? Warum nicht für einen Versuch, den man auch beenden kann, wenn er zu schwer wird. Weil Liebe diesen Namen nur verdient, wenn Leid und Schmerz in sie eingeschlossen sind. Wer das Leben kennt, weiß, dass es zur Last werden kann und dass Lasten den Menschen suchen, der sie trägt.

8 Es ist üblich, der Ehe zu misstrauen oder sie als Symbol der Unfreiheit und der sinnlosen Mühsal zu verachten. Aber alle Weigerung, sich für die lange Zeit zu verpflichten, ändert nichts daran, dass dies das Glück ist, das uns Menschen zugedacht ist: die Verlässlichkeit der Liebenden auf dem langen Weg. Nirgends gilt wie hier, dass sein Leben verliert, wer es bewahren will, und dass der es findet, der es hingibt.

9 Hier könnte auch die Angst enden, die uns Heutige gefangen hält, und die Liebe beginnen. Fürchten wir uns aber zu lieben, so wird die Angst bleiben. Die Frucht der Angst sind alle die aufgerissenen Ehen, die eiligen Verbindungen, all das Verlassen und Verstoßen, das Enttäuschen und Verletzen. Was bei unserer Angst um die Freiheit herauskommt, ist das Elend. Das Elend von Millionen. Denn dies ist der Irrtum: Nicht die Freiheit ist das erste. Nicht die Freiheit gilt es zu verteidigen. Das erste ist die Liebe, und aus der Liebe erwächst die Freiheit. Nicht das Ich, das große wichtige Ich steht am Anfang. Am Anfang steht die Hingabe, und aus der Hingabe erwächst der Mensch, der am Ende er selbst ist. Und so lernen wir die Kunst, zu lieben und doch nicht zu besitzen. Zu führen und doch nicht zu herrschen. Sich hinzugeben, ohne zu gehorchen, nahe zu sein und doch nicht unfrei zu machen.

10 Wenn dann der Weg lang wird und mühsam, wird der eine oder der andere langsamer oder schneller sein. Da wird der eine oder der andere auch müde. Das dürfen beide. Sagen: Ich kann nicht mehr, und der Geduld des anderen vertrauen. Es darf einer auch einmal den Mut verlieren, ohne dass er aufhörte, geliebt zu sein. Der Liebende lässt den anderen gehen oder ruhen oder abseits sein und empfängt ihn wieder. Er bleibt stehen und stützt ihn und geht langsamer. Und wird ihm bis ans Ende zur Seite sein.

11 Glück ist eine Erfahrung, die in langen Zeiträumen wächst: dass nämlich der Boden, auf dem man lebt, tragfähig ist. Und dass es eine Erfüllung gibt, die bis ans Ende bleibt.
Wem eine solche Liebe geschenkt ist, der empfängt eine Gnade, eine ganz und gar nicht selbstverständliche. Er empfängt ein Geschenk. So danken wir am Ende unseres Lebens dafür, dass es erfüllt ist. Und danken für eine Gnade.

12 Aber die Liebe geht auch andere Wege: Als ich jung war, da war mein Traum gewesen, ich könnte einmal ein Haus bauen. Ein festes mit klaren Konturen, mit einem breiten Dach und viel Raum, mit einer offenen Tür und mit Bäumen davor. Ein Haus, das einen Sturm aushält und eine Heimat ist für zwei Menschen und später eine Familie. Es sollte ein Haus sein an einer Straße, auf der viele sich bewegen, das hinausschaut über das Land, in dem Streit ist und Krieg, Not und Kummer und Elend. Und es sollte von ihm etwas ausgehen wie Hilfe zum Leben, Achtsamkeit. Etwas wie Gerechtigkeit, etwas wie Frieden.
Daran war richtig, dass der Sinn des Glücks, das uns vergönnt sein kann, der ist, auszustrahlen für die, die mit Glück weniger gesegnet sind. Von wem soll denn Glück ausgehen, wenn nicht

von dem, der glücklich ist? Wo Glück ist, da sind heilende Kräfte, und die gute, behütende Kraft, die von glücklichen Menschen ausgeht, ist wohl am Ende der Sinn und die Bestimmung des Glücks.

13 Niemand, der offenen Auges durch die Welt geht, kann es unberührt tun. Niemand, der ein Herz hat, kommt unversehrt durchs Leben, ohne das, was Gottfried Keller die Grundtrauer nennt. Die Trauer, dass die Welt nicht in Ordnung ist. Dass am Ende jeder großen Bemühung eines Herzens zwar da und dort ein wenig Licht sein wird, dass aber am Ende unseres Lebens so viel Dunkelheit bleibt wie am Ende des Lebens unserer Kinder und Enkel.

14 Liebe, die es sich lohnt, ist darum immer auch eine Art Abstieg. Der Stärkere, der Gesündere, der Fröhlichere steigt ein paar Stufen hinab, um dem Leidenden in seiner Angst nahe zu sein. Trösten ist eine Kunst, die nur die Liebe kann.
Das ist der Grund, warum Jesus für mich eine so zentrale Rolle spielt. Jesus hat dafür gelebt, dass die untere Hälfte der Welt, die dunkle, rätselvolle, mühsame, nicht von Gott verlassen sei. Er ging mitten hinein in den tiefen Schatten, der über der Landschaft der Menschenseele liegen kann, und zeigte das Licht und den Weg. Er beugte sich in die Dunkelheit hinab und umarmte den verdüsterten Menschen. Und ihm nach versuchen die Liebenden, etwa dies zu tun: ihm nach, dem Heilenden, dem Befreienden, dem, der den Menschen ihre Last abnimmt, ihnen Mut gibt und der am Ende für sie das Leben einsetzt.

15 Aber wie, so fragen wir Jesus – wie hältst du das aus? Du bist durch die Dörfer deiner Heimat gegangen zu den Kranken und Armseligen, den Selbstgerechten und den

Dummköpfen, den Erniedrigten und den Verlassenen. Wie hält man es aus mit der Armut der Menschen? Als er einmal mit einem schwierigen Menschen am Brunnen geredet hatte, fragten ihn seine Jünger, ob er nicht etwas essen wolle. Und er antwortete: »Meine Speise ist, den Willen des Vaters zu tun.« Jesus aß gleichsam das Unglück. Er wollte sagen: Wer bereit ist, sich von dem zu ernähren an seiner Seele, was Gott reicht, wird zu essen haben. Er wird nicht krank von den Krankheiten der anderen. Er wird ihr Helfer sein und ein Deuter ihres Schicksals.

16 Nach Jesus ist der Liebende berufen, der Schwache zu sein an der Seite der Schwachen. Trauernd in der Gemeinschaft der Trauernden. Vielleicht wird er zum Überwinder für die, die nicht zu überwinden vermögen, ein Liebender in der Verlassenheit der Ungeliebten. Er wird leiden unter der Unfähigkeit der Ungeliebten zu lieben. Und er wird dabei auf Christus achten, wie der 2. Petrusbrief sagt, »als auf ein Licht, das an einem dunklen Ort leuchtet, bis der Tag anbricht und der Morgenstern aufgeht in unseren Herzen« (2 Petr 1,19).

17 Nach Jesus ist jeder von uns berufen, etwas Lösendes zu tun für die Menschen und die Völker, etwas, das der Liebe den weiten Raum gibt, der ihr Sinn ist.
Es war für mich ein starkes, ein prägendes Erlebnis, als ich vor über dreißig Jahren zum ersten Mal auf dem Arbel saß, jenem wunderbaren Berg in Israel, von dem aus das ganze Land Galiläa und der ganze blaue See offen vor mir lagen und auf dem ich mir sagte: Dies könnte der Berg gewesen sein, auf den Jesus hinaufstieg, sich oben setzte und seine Jünger und Freunde um sich sammelte. Auf dem er die berühmten Worte sprach, die wir heute in der sogenannten Bergpredigt lesen (siehe Mt 5–7).

18 Immer wieder bin ich auf dem Berg der Seligpreisungen gewesen und habe mir vorgelesen, was Jesus gesagt hat. Und habe mir vorgestellt, wie es im Tal zuging. Da herrschte eine brutale Macht. Da war jeder ein Terrorist, der von Freiheit sprach. Da herrschten Hunger und Elend. Der Hass der Unterdrückten. Und da also setzt sich Jesus auf den Berg. Und wir können nur staunen, wie er dort oben seinen Freunden die Angst nimmt vor dem, was sie nach ihrem Abstieg ins Tal erwartet.

19 Willst du Frieden, sagt Jesus, so räche dich nicht. Antworte dem Gewalttäter nicht wieder mit Gewalt. Biete ihm die linke Backe, wenn er dich auf die rechte schlägt. Sei stärker als dein Gegner. Und freier. Begegne ihm mit wissender Gelassenheit. Wolle ihn nicht besiegen. Suche ihn zu gewinnen. Seinen Gegner gewinnt, wer nachdenkt. Wer einen Schlüssel hat, der Türen öffnet, braucht nicht durch die Wand zu gehen. Willst du also, dass die Spirale der ungerechten Gewalt endet, so räche dich nicht. Wer zurückschlägt, setzt fort, was geschieht. Wer sagt, auf Gewalt könne die Antwort nur wieder Gewalt sein, sagt damit nur, dass ihm eine andere nicht einfällt. Es kann durch ihn etwas Neues nicht geschehen. Er wird weder die Situation verändern noch den Gegner.

20 Um der Menschen willen nach Gerechtigkeit zu suchen, ohne Gewalt anzuwenden – wer das versucht, zeigt, dass er willens ist, diese Welt mit anderen zusammen im Frieden zu bewohnen. Was hat er für Mittel? Etwa diese: Ohne Furcht gütig sein. Ohne Hass klar in der Sprache. So selbstkritisch, dass aus dem anderen kein Teufel wird. So geduldig, dass er sein Gesicht nicht zu verlieren braucht. Will man zum Beispiel dem Terror widerstehen, so könnte man ruhig und konsequent nach seinen Ursachen fragen.

Das ist weder in Manhattan geschehen, noch geschieht es in Israel. Tut man es, so wird die einfache Teilung der Welt in die Guten und die Bösen unmöglich sein.

21 Es gibt ein sehr einfaches Lebensgesetz, das über viele Gebiete hin gilt. Es lautet: Du wirst ein Problem nur verstehen, wenn du dir dafür Zeit nimmst, wenn du dich dafür öffnest, wenn du es in dich einlässt. Du wirst einen Menschen nur verstehen, wenn du dich ihm zuwendest. Wenn du versuchst, ihn, ein wenig zumindest, zu lieben. Du wirst einen schwierigen Jugendlichen nur verstehen, wenn du ihm Liebe entgegenbringst. Nun ist es aber nicht ungefährlich, einem Gegner gegenüberzutreten, den man nicht versteht. Also versuche, deinen Feind zu lieben.

22 Die Bergpredigt bedeutet uns: Willst du deinen Gegner verstehen, so liebe ihn. Versuche zu verstehen, warum er so denkt, wie er denkt. Warum er sein Spiel so spielt, wie er es spielt. Verstehe, woher seine Angst rührt oder sein Hass. Denn es gibt keine Möglichkeit, mit fremden Staaten und fremden Menschen die eine Welt im Frieden zu bewohnen, außer der, fremde Menschen oder Völker aus der Maske des Feindes herauszulieben. Liebe zum Feind ist Erlösung des anderen Menschen aus der Rolle des Feindes. Sie ist die überwindende Antwort des Wehrlosen auf die gepanzerte Gewalt. Geht es dir aber um Frieden, so lass allen Wunsch nach einem Sieg fahren. Wer noch einen Sieg will, befindet sich in einem Krieg, und nichts führt ihn heraus über den Zwang zu immer neuen Kriegen.

Ich bin überzeugt, dass die Zeit nicht fern ist, in der man auf diesem Erdball begreift, dass abseits einer auf diese Art Freiheit gestellten Politik in dieser Welt nichts mehr greift.

23 Das alles fügt sich zusammen zu dem, was wir das Liebesgebot nennen. Das aber ist kein Gebot, dem wir zu gehorchen hätten, es ist der Weg zu einer Kunst des gelingenden Lebens in unseren eigenen vier Wänden ebenso wie zwischen den Kirchen und zwischen den Völkern. Es ist die Weisheit des Liebens. Es ist die Weisheit, die die Menschheit erwerben muss, will sie auf dieser Erde noch eine Zukunft haben.
Es ist die einfache Logik, die sich aus dem Evangelium ergibt: Du bist geliebt, also werde du ein Liebender. Du bist gesegnet, also werde ein Segnender. Gott hat dich in der Hand, also nimm die kleine Welt, in der du lebst, in deine Hand. In die Hand eines liebenden Menschen.

24 Wenn der Weg eines liebenden Menschen lang wird durch ein mühsames und an Aufträgen reiches Leben, dann darf der Umkreis, in dem er wirkt, am Ende kleiner werden. Vielleicht geht es auf den letzten Schritten unseres Lebens nicht mehr um die großen weit gespannten Problemfelder dieser Erde, sondern um das gelingende Leben zwischen uns und unseren nächsten Menschen.
Dann kommt es darauf an, anzunehmen, was kommen will, Auch das Traurige, das Bedrohliche, die Einsamkeit, das Leiden unter der scheinbaren Sinnleere der späten Jahre und der Unsicherheit des Glaubens. Manches, was dem tätigen Menschen früherer Jahre unbekannt blieb, sitzt mit am Tisch und will bewirtet sein.

25 Mit am Tisch sitzt am Ende auch alles, was nicht gut war. Das Misslungene, das Missgedachte, das Missgesagte, das Missgetane. Was tun wir mit den langen Stunden, in denen wir daran herumdenken? Was tun mit den heimlichen Vorwürfen gegen den anderen, gegen sich selbst oder auch gegen Gott? Die Jahre der Erinnerung und des schmaler werdenden Lebens sind kostbar. In dem täglichen Kampf gegen die Schuld langer Jahre verrinnen sie. Was tun?

26 Es kommt am Ende darauf an, dass man in einem langen Leben überhaupt gelernt hat, mit dem Törichten und mit dem Misslungenen umzugehen. Dass man die Kunst der Liebe gelernt hat, die immer, ehe es Nacht wird, in den Frieden geführt hat. Es ist eine für alles Gelingen eines Lebens in der Liebe entscheidende Kunst, nach einem Streit rasch das erste freundliche Wort zu sagen. Und das muss in Jahrzehnten geübt sein. Nicht, ob ich Recht habe, ist das Wichtige. Wichtig ist, zu sorgen, dass das Leben gut und glücklich weitergeht. Es ist wieder eine Kunst, die nur die Liebe kann.

27 Die Liebe ist die heilende Kraft, wenn das Herz wund ist oder das Gewissen verletzt. Sie fängt immer neu an, sie nimmt das erste freundliche Wort des anderen auf und gibt ihre Antwort. Sie lässt den anderen gehen und empfängt ihn wieder. Sie bleibt stehen und wartet und ist da, wenn er kommt. Sie sieht es, wenn der andere wartet. Sie ist die Kunst, dem anderen Freiheit zu geben, ohne ihn zu verlassen, und ihm bis ans Ende nahe zu sein.

28 Glaube in seiner vollendeten Form ist die Ruhe des Liebenden in der Liebe Gottes. Wer dieses Ruhen in der Liebe Gottes kennt, für den gibt es das lähmende »zu spät«, unter dem älter werdende Menschen so schrecklich leiden, nicht mehr. Er sieht durchaus, dass es ein »zu spät« gibt; aber er vertraut, was gemeinsam versäumt worden ist, der göttlichen Hand an, deren Führung er sich ein Leben lang anvertraut hat. Und die Frucht dieses Sich-Anvertrauens ist die

Gelassenheit, die den Frieden des Alters ausmacht. Das einfache Zusammengehören. Man sagt: Lass uns ruhen. Ich will nicht tun und nicht leisten. Ich will nur sein. Und ich will, dass du im Frieden sein kannst. Und in der Freiheit, zu sein.

29 Es gibt ein vollendetes Ursymbol dieses Zusammengehörens, in dem all dies sich ausdrückt. Ein Ursymbol, von Jesus gestiftet, das ausdrückt, wie wir mit Gott und in seiner Liebe verbunden sind, weil wir uns im Vertrauen und in der Güte des Herzens miteinander verbinden. Das ausdrückt, wie es zuletzt nicht auf das ankommt, was wir uns zurechtdenken können, was wir tun und leisten und bewirken können. Das den Frieden ausdrückt, der mehr ist und höher als alle Vernunft, alle Bemühung, alles Können. Es ist das heilige Mahl.

30 Das heilige Mahl, in der Stunde des Selbstopfers des Christus gestiftet, ist die Mitte des gemeinsamen Lebens von Christen auf dieser Erde. Es bildet alles ab, was die Liebe kann. Dass sie sich selbst für weniger wichtig hält als das, was uns untereinander verbindet. Dass es ein Ende des Rechthabens gibt, ein Ende der Argumente, ein Ende der Vorwürfe. Und einen Anfang des Friedens. Den Anfang des Lebens einer Gemeinschaft, an der am Ende alles liegt. Ein Leben in dankbarer Gelassenheit. Und es sagt: Dies alles ist möglich, weil der große Meister des Friedens unter uns ist. Weil wir ihm gehören, weil mit dem, was wir in dieser Runde und an diesem Tisch essen, immer auch Jesus Christus zu uns kommt.

31 Jesus hat während seiner öffentlichen Wirksamkeit immer wieder eingeladen. Gute, Schlechte, Weise, Törichte. Grenzenlos. Jedermann, der von der Straße kam, wie er war. Er hat keine Auswahl getroffen, keine Bedingungen gestellt. Und unsere eucharistischen Feiern werden umso klarer von ihm reden, je grenzenloser unsere Einladung geschieht. Nein, je genauer uns bewusst ist, dass da nicht ein Priester einlädt und auch nicht eine Kirche, sondern Jesus Christus selbst. Und desto deutlicher wird uns dabei, dass das heilige Mahl Vorblick ist auf das erlöste Dasein, Bild für das Heil, das uns in Gottes Ewigkeit erwartet.

JUNI

1 Was soll das Beten? Was bringt es? Wie macht man es? Wenn wir Jesus hören, so wird alles einfach, klar und geradlinig. Fast selbstverständlich. Er gibt keine intellektuellen Auskünfte. Keine ausführlichen Anleitungen. Er lehrt keinen langen Weg der Einübung oder der Meditation. Er sagt sehr schlicht: Tu es. Tu es konzentriert. Gib dein ganzes Vertrauen dazu. Und tu es in der Stille. Danach geh wieder zu den Menschen und sieh zu, was zu tun ist.

2 Seine Freunde berichten, Jesus sei immer wieder »auf irgendeinen Berg« gegangen, um zu beten. Er habe sich »an einen einsamen Ort« zurückgezogen, um allein zu sein mit Gott. Und er habe ihnen geraten, in die Kammer, das heißt den hintersten Raum ihres Hauses zu gehen. »Schließt die Tür und betet im Verborgenen.« »Macht aus eurem Gebet keine Schau.« Oder: »Wenn ihr betet, dann macht keine langen Worte.« »Sprecht eure Bitten aus und vertraut darauf, dass sie gehört werden.« Und: »Macht euch klar, dass ihr Gott nichts mitzuteilen braucht. Er weiß, was euch Not tut, ehe ihr den Mund aufmacht.«

3 Als Jesus einmal von einem solchen Weg in die Einsamkeit zurückgekommen sei, erzählen seine Freunde, hätten sie ihn gefragt, ob er ihnen nicht helfen könne, auf die richtige Weise zu beten. Da habe er ihnen das Vaterunser vorgesagt. Das Vaterunser, das wir nach zweitausend Jahren noch nachsprechen und das so etwas ist wie eine verdichtete Wiedergabe unseres Glaubens. Es könnte, so finden wir auf den ersten Blick, kaum einfacher lauten. Aber hinter den einfachen Worten stehen Bedeutungen, die in kaum auslotbare Tiefen hinabführen. Es ist mit dem Vaterunser wie mit allem wirklich Großen. Es ist klar und einfach. Und es ist so anders, so tief und vielschichtig, dass ein Leben kaum ausreicht, es wirklich zu verstehen. Aber immer wird es uns, wenn wir es nachsprechen, einen Schritt weiterführen auf unserem Weg.

4 Wenn Jesus mit uns über das Gebet spricht, dann sagt er: Wende dich an Gott, ganz einfach und unmittelbar. Rede mit ihm. Horche, was du von ihm hörst. Rede ihn an, nicht mit einem langen Wortschwall, sondern mit deinen einfachen Worten. Sage zum Beispiel: »Vater!« Und dann sprich aus, was du sagen willst und wie es dir ums Herz ist. Oder noch einfacher: Sage »Du!« oder ein anderes Wort, das deinem Vertrauen Ausdruck gibt und mit dem du sagen willst, wer Gott für dich ist.

5 Wenn du Gott angeredet hast, dann sei ganz in dem, was du sagst. Sei ganz in dem, was du glaubst. Sei ganz in dem, was du liebst. Sei ganz und ungeteilt, wie Gott selbst ungeteilt und ganz Gott ist. Schau nicht nach rechts oder links, wo die Menschen zuschauen oder zuhören. Geh in die innerste Stube deiner Seele wie in einen leeren, abgeschlossenen, dunklen Raum. Dort bleibe und warte. Klopfe an die Wand. Vielleicht öffnet sich dir eine Tür. Dann geh durch diese Tür in einen anderen Raum, der nicht mehr deine eigene Seele ist und wo Gott auf dich wartet. Dann sage: »Vater« und »Ich bin da«.

6 Gott ist auch in dir selbst. Er strömt in deinen Adern mit. Er schlägt in deinem Herzen mit. Er ist die Kraft, die du in dir fühlst. Du bist ein Ort Gottes, wie jeder Stern ein Ort Gottes ist, jeder Stein und jedes Blatt an einem Baum. Versuche, das zu verstehen: Der, der diesen ganzen Kosmos geschaffen hat, aus dem Urknall hinausgetrieben in das Abenteuer der kosmischen Entfaltung, ist derselbe, der deine Gedanken in dir weckt und der in jedem Organ deines Körpers am Werk ist. Gott ist im ganzen Universum, und das ganze Universum ist in dir. Aber verwechsle Gott nicht mit dir selbst. Das wäre ein schrecklicher Irrtum. Er ist der in dir, den du anredest wie ein Du. Ein Gegenüber, ein fremdes, aber unerhört nahes Wesen. Wenn du dabei den Boden unter den Füßen verlierst und es dir unheimlich wird, dann geh zurück in die äußerste Einfachheit und sage: »Vater!«

Geh irgendwohin. Über ein Feld oder durch einen Wald oder durch die Gedanken in deinem Kopf und sage: Du Ursprung, aus dem ich komme. Du großer Zusammenhang, in dem ich lebe. Du Haus, in dem ich wohne. Du Ziel, auf das ich zugehe. Du unendlich Fremder, dem mein Vertrauen gilt. Du Vater im Himmel.

7 »Himmel«. – Es ist schon ein Elend mit unserem modernen westlichen Denken. Wenn wir »Himmel« sagen, dann reden wir naiv und schauen in die Wolken oder wir reden abstrakt und flüchten uns ins Nichtssagende. Wir denken dann vielleicht an einen weltfernen, weltlosen, wahrscheinlich nicht vorhandenen Ort irgendwo außerhalb unseres Universums. Die Menschen der Zeit Jesu meinten, wenn sie »Himmel« sagten, den großen Zusammenhang, in dem ihr Leben stattfand und in den es unsichtbar eingewoben war; sie meinten eine Wirklichkeit, die es zu ahnen gilt. Für sie war das Wort »Himmel« ein Ausdruck für eine Schicht der Wirklichkeit, die ihnen entzogen war, sie aber unmittelbar umfasste und durchwirkte. Wenn unsere heutige Physik wieder an dem Punkt ankommt, an dem sie sagen muss: »Wir wissen nicht, was Wirklichkeit ist«, dann fängt sie vielleicht an zu begreifen, dass es an diesem Punkt wie an vielen anderen im Grunde nichts zu begreifen gibt.

8 Sagen wir heute: Vater »im Himmel«, so meinen wir: Du, den ich anrede, bist unendlich nahe und doch nicht greifbar. Du bist mir an Wirklichkeit überlegen, an Rang, an Gegenwärtigkeit. Du bist überall, und vor allem: Du bist hier auf dieser Erde, bei mir. Du bist um mich her, unter mir, vor mir, hinter mir, rechts und links, wohin immer ich schaue. Wohin immer ich gehe, aufsteige, abstürze. Himmel ist eine Dimension, die ich mir nicht vorstellen kann, weil alles an mir und in mir auf die vier Dimensionen der Raumzeit ausgelegt ist. Aber es ist ein »Raum«, aus dem ich komme, in dem ich lebe, in den ich zurückkehren werde. Ich nehme also die Bildersprache auf, die Jesus mir anbietet, wenn er sagt: »Vater im Himmel«.

9 Bleiben wir zunächst bei uns selbst. Das Vaterunser zeigt in verschiedene Richtungen: nach innen in uns selbst ebenso wie hinaus in die Welt der Menschen und der Völker, ebenso wie über den Augenblick hinaus in eine Zukunft. Aber es meint zunächst uns selbst.
»Geheiligt werde dein Name«, sagen wir. Was wollen wir damit sagen? In der jüdischen Frömmigkeit jener Zeit war der Name eines Menschen eine andere Bezeichnung für den Träger des Namens, er war mit ihm identisch. Wenn man damals »im Namen« eines anderen etwas tat, dann tat man es an seiner Stelle. Wenn man ein Wort sagte »im Namen Gottes«, dann sagte man

es an der Stelle Gottes. Wir könnten also statt vom Namen Gottes auch ebenso von Gott selbst reden.

10 Wir könnten also auch sagen: Du Vater, du Gott, sollst uns heilig sein und bleiben. Heilig – das heißt: groß, überlegen, unantastbar, zum Fürchten mächtig, zum Erschrecken rätselhaft. Oder: kostbar über alles hinaus, was uns kostbar ist. Wer »Geheiligt werde dein Name« spricht, schafft also Abstand und ehrt diesen Abstand. Er wird nicht mehr auf die moderne Psychologenmeinung kommen, Gott und er selbst seien im Grunde ein- und dasselbe, oder auch auf die schrecklich einfache Meinung, Gott sei ein Produkt seiner Einbildung. Nein, Gott ist heilig, das heißt: Er ist der ganz Andere. Seine Nähe ist nicht selbstverständlich, sondern ein Wunder. Eine Gnade.

11 Heilig wird etwas, indem man es dem allgemeinen Gebrauch entzieht und es in seinen großen Zusammenhang stellt. Indem man es also schützt vor Zerstörung, vor Verbrauch und Verriss. Tue ich das mit dem Wort »Gott«, dann werde ich bemerken, wie auch in mir selbst etwas Kostbares entsteht und wächst. Ich werde bemerken, dass auch ich selbst auf rätselhafte Weise teilhabe am Heiligen, sodass ich danach auch mir selbst mit Sorgfalt begegnen kann und mich selbst mit neuen, anderen Augen ansehen darf: nämlich als einen Menschen, der heilig ist in Gottes Augen, den ich also schützen darf vor Verriss und Verbrauch. Ich werde, indem ich »Vater« sage, das Wertvollste, das ich werden kann: ein Ort, an dem Gott ist; oder wie die Schöpfungsgeschichte sagt: sein Bild; oder wie Jesus es deutet: eine Tochter, ein Sohn Gottes.

12 Gottes Name ist Gottes heilige Nähe und Gegenwart in uns, um uns, immer und zu jeder Zeit. Wenn wir also Gott anreden wollen aus irgendeiner Tätigkeit heraus, so kann es uns helfen, wenn wir an ein offenes Fenster treten. Dort stehen wir einen Augenblick still, dann heben wir die Arme seitlich bis zur Schulterhöhe, recken sie nach beiden Seiten und atmen dabei ein. Dann lassen wir die Arme sinken und atmen dabei aus. Danach stehen wir einen Augenblick in Ruhe. Dann heben wir die Arme wieder und atmen dabei ein, lassen die Arme sinken und atmen aus und stehen wieder ruhig da. Das ist so einfach, dass es niemandem Mühe machen muss. Vielleicht denken wir diese Zeit über: Komm, Vater, und fülle mich aus. Ich mache Raum, in mir. Zieh in mich ein und gib mir Frieden. Ich öffne die Augen, komm, du Licht, ewiges Licht, und mach es hell in mir.

13 »Dein Reich komme.« – Damit meinen wir zunächst jenes verschwiegene Reich Gottes, von dem Jesus sagt, es sei in uns selbst. Er sagt ja: Das Wort fällt in euch wie eine Saat. Ihr seid der Acker. Was aus der Saat in euch heranwächst, ist Gottes Reich. Wo das Wort, von Gott gesprochen, Wurzel schlägt und wächst und reift und Frucht trägt, da ist das Reich Gottes. Es lebt in euch selbst. Wir meinen danach auch jenes Reich Gottes, von dem Jesus sagt, es entstehe dort, wo etwas Gerechtes getan wird. Wo die Verhältnisse unter den Menschen sich verändern auf Gerechtigkeit hin. Wo das kleine Ich sich mit vielen anderen verbindet und mit ihnen allen dem nahen Gott. Das geschwisterliche Gottesvolk, das ist das Reich Gottes.

14 Mit der Bitte »Dein Reich komme« meinen wir zum dritten jenes Reich, das Gottes Schöpfung heißt. Wo wir uns als Geschöpfe im großem Zusammenhang finden, in jenem großen Zusammenhang aller Zusammenhänge, den wir »Gott« nennen. Das Reich Gottes ist so die ungeheure Veranstaltung »Universum«, mit ihren Milliarden Jahren der Zeit und des Raums. Indem wir in dieser Schöpfung unser besonderes Leben führen, das Leben von bewussten Menschen, leben wir im Reich Gottes.

15 Schließlich meinen wir mit der Vaterunserbitte »Dein Reich komme« jenes Reich, von dem Jesus sagt, es werde kommen, es stehe bevor, und mit dem er von der Zukunftsgestalt dieser Welt spricht. Jenes Reich, das als die künftige Wirklichkeit hereindrängt in unsere sichtbare Welt, in das kleine Reich in unserer Seele, in das soziale Netz unter uns Menschen und in die kosmische Geschichte.
Wir wünschen uns auf allen diesen Ebenen, dass Gottes Reich sich bilde, sich entwickle, sich forme, sich zeige, nicht nur durch Gottes Wirken, sondern auch durch unser kleines Entscheiden und Tun.

16 Wenn wir die Bitte »Dein Reich komme« in eine Übung fassen wollen, können wir ans Ufer eines Sees oder eines Meeres treten oder auf einen Hügel und schauen. Alles, was ist, ist Reich Gottes. Und wir suchen eins zu werden mit allem, was um uns ist, mit Wasser und Wald, mit Himmel und Erde, damit in unsere kleine Welt Gottes Weite kommt und unsere Welt, die eine Welt aus Dingen ist, zu einer Welt wird, die Gottes Reich ist. Wir denken an alles Leiden, das überall gelitten wird, an Tod und Leben um uns her, alle Angst und alle Gewalttat, und bitten um die Wandlung dieser Welt durch das sichtbare Aufleuchten des Reiches Gottes.

17 »Dein Wille geschehe, wie im Himmel so auf Erden.« – Das Wort, das hier für »Wille« steht, bedeutet im Aramäischen, in der Sprache, die Jesus gesprochen hat, auch soviel wie Verlangen. Oder Herzenswunsch. Wir bitten also darum, dass Gottes Herzenswunsch in unserem Leben, in unserer Welt Gestalt findet. Wir suchen nach der Übereinstimmung unseres Willens mit dem Willen Gottes, damit wir eins werden mit unserer Herkunft, mit unserer Lebensgeschichte und mit unserem Ziel. Wir wollen also, dass Gottes Wille geschieht, wir möchten unser Leben dafür einsetzen, dass unter Menschen geliebt wird, getröstet, beschützt und befriedet, und wir bieten unser Herz als Werkzeug dieses seines Willens.

18 Wenn ich nun darum bitte, dass Gottes Wille sich durchsetzen möge, könnte es sein, dass ich das gegen mich selbst bitte. Weiß ich denn, was Gott will? Weiß ich, ob ich das Schicksal wollen kann, das er mir zugedacht hat? Hat in diesem göttlichen Willen nicht alles Raum, auch Krankheit, Schmerz und Einsamkeit und qualvolles Sterben? Aus diesem Willen kommt mein Geschick, und – weiß Gott! – ich bin nicht eins mit ihm. Aus diesem Willen kommt mein Wesen, das mir zu schaffen macht, und mein Lebensauftrag, dessen Sinn ich so oft nicht weiß. Dennoch bitte ich darum, dass der Wille Gottes geschieht, auch gegen meinen Willen, und dass Gott mich umformt nach dem Bild seines Willens, sodass ich wollen kann, was er will, und dass der Wille Gottes nicht nur im Himmel, sondern auch auf der Erde – und das heißt durch mich – geschieht.

19 Vielleicht suchen wir nach einer Übung, die uns hilft, die Bitte »Dein Wille geschehe « zu verstehen und einzuüben? Ich lege mich gelegentlich so unter einen

Baum, dass mein Kopf am Stamm liegt und der Körper vom Baum weg in der Richtung der Äste und der Wurzeln. Dann versuche ich, die Kräfte zu fühlen, die der Baum aus der Erde aufnimmt und zum Stamm leitet, die im Stamm aufsteigen und sich in den Ästen ausbreiten. Ich fühle mich selbst als Wurzel und als Ast. Ich fühle mich eins mit dem ganzen lebendigen Geschehen unter mir und über mir und bringe meine kleine Kraft ein, wie ich meinen Willen einbringe in den alles durchdringenden und erfüllenden Willen dessen, von dem ich bin, von dem der Baum ist und die Kraft, die in ihm aufsteigt.

20 »Unser tägliches Brot gib uns heute.« – Unser Brot erbitten wir. Das heißt: Wir bitten um alles, was wir an Leib und Seele brauchen, was unser Leben reich macht und zu seinem Gedeihen und Gelingen hilft. Denn Brot ist in der Bibel immer Ausdruck für Nahrung, auch für Sinn und Erfüllung, für das Glück, aber auch für Einsicht und Verstehen. Wir bitten also um die Lebenskraft, die aus der Erde kommt, und um den Segen, der die Erde, und das heißt auch unser eigenes Herz, fruchtbar macht. Zugleich aber bitten wir mit dem »täglichen Brot« nicht um alles, was es zu wünschen gibt, sondern um das Einfache, das Notwendige. Wir begrenzen unsere Bitte auf den heutigen und den kommenden Tag. Wir bitten nicht um eine Garantie für unser Wohlergehen in alle Zukunft, sondern um Nahrung und Einsicht für diesen Augenblick.

21 Im Grunde liegt in dem »Heute« ein Versuch, das Leben leicht zu nehmen. Es liegt etwas Heiteres darin. Eine große und freie Überlegenheit. Es sollte uns dabei klar sein, dass Jesus in einem bitterarmen Land gelebt hat. Der Wohlstand, den wir modernen Menschen beanspruchen, herrschte damals kaum an Königshöfen. Und doch bittet Jesus um das Brot für heute und nicht um mehr. Er sagt damit: Schaut in die Zukunft ohne Sorge. Nehmt euer Wohlergehen nicht so wichtig. Achtet auf die Gerechtigkeit, die ihr schaffen könnt, und auf den Frieden, der von euch ausgeht. Alles andere wird sich ergeben.

22 Was ist denn Brot? Für die Bibel rücken oft das Brot und das Wort nahe zusammen. Das Brot, sagt sie, von dem wir leben, ist auch das Wort eines Menschen, das uns erreicht. Vertrauen muss darin liegen, Weisung muss es geben und Rat. Klarheit und Freundlichkeit. Das Wort ist auf seine Weise »Brot«. Unendlich viele Menschen hungern nach dem täglichen Wort. Lass uns also, so bitten wir, ein Wort finden, wo Streit ist, Angst oder Verdacht. Lass uns Brot sein. Und sprich du selbst zu uns. Wenn du zu uns sprichst, können wir leben. Wenn du sagst: »Ich bin bei dir!«, haben wir Frieden. Wenn du sagst: »Ich gebe dir von meinem Geist!«, dann hat unser Leben Kraft und Sinn.

23 Was Brot ist, suche ich mir manchmal zu vergegenwärtigen, wenn ich über ein Feld gehe. Am liebsten nach einem Regen, wenn die Erde duftet. Dann nehme ich eine Handvoll Erde auf und stelle mir das ungeheuer lebendige Leben vor, das in jeder Krume wirkt, die Millionen winziger Lebewesen, die dafür sorgen, dass in dieser Erde etwas wächst; die Gemeinschaftsarbeit auch der Käfer und der Würmer, die wir dann am Ende in Form eines Halmes, einer Ähre, eines Brots in der Hand halten. All diesen lebendigen Wesen danke ich dafür, dass sie uns das Brot schaffen. Ich weiß, dass ich zu ihnen gehöre und nur darin um eine geringe Stufe über ihnen stehe, weil ich um das Brot bitten und für mein Brot danken kann.

24 »Und vergib uns unsere Schuld, wie auch wir vergeben unsern Schuldigern.« – Was ist Schuld? Wer sich nichts vormacht, weiß es. Schuld begleitet uns, wie uns jeder Tag und jede Stunde begleiten. Laut oder leise, gesehen oder ungesehen, bewusst oder unbewusst, sich auswirkend oder nicht. Schuld kann in jedem Gedanken sein, in jedem Gesichtsausdruck, in jedem Wort, in jedem Tun oder Nichtstun, jedem Wollen oder Nichtwollen, in jeder Empfindung und jedem Gefühl, in jeder Absicht und in jeder Erinnerung. Mit jeder Schuld aber entfernen wir uns von uns selbst. Wir entfernen uns von den Menschen und von Gott. Und jede Schuld hat die Eigenart, ihre Spur zu hinterlassen in uns, in unseren Beziehungen zu anderen Menschen und in unserem Sein vor Gott oder in unserem Sein ohne Gott.

25 Da jede Schuld geschehen ist und nicht ungeschehen gemacht werden kann, bleibt die Frage, was denn geschehen muss, damit sie nicht alles künftige Leben vergiftet. Wenn jede Schuld Folgen hat in mir, in den anderen Menschen oder in meinen Beziehungen zu Gott und die Folgen bleiben, erhebt sich die Frage – eine Frage, hinter der die Verzweiflung lauert –, wie Verschulden und Versäumen von ihren Folgen gelöst werden können. Wir werden dabei bedenken, dass dies nur dadurch möglich ist, dass der andere, an dem wir schuldig geworden sind, kommt und sagt: Wir wollen neu miteinander anfangen.

26 Vergebung – das ist nicht Gedächtnisschwäche oder Vergessen. Vergebung heißt: Der ursprüngliche Zustand, der des Vertrauens und der Zuneigung, der Freundlichkeit und des Friedens, der einmal zwischen einem anderen Menschen und uns bestand, zwischen uns und Gott, wird wiederhergestellt. In einer Ehe zum Beispiel heißt vergeben zurückkehren in die ursprüngliche Liebesgeschichte. Es heißt, einander von Tag zu Tag freigeben, ohne einander loszulassen und zu sagen: Sei – für diesen Tag – ein freier und unbelasteter, fröhlicher Mensch!

27 Ich sage mit dieser Bitte: »Vergib uns unsere Schuld, wie wir denen vergeben, die an uns schuldig geworden sind.« Denn ich bin mir darüber im Klaren, dass es nicht viele Menschen gibt, die mir mehr schulden als ich ihnen. Ich will also nicht großmütig auf Rache verzichten oder mattherzig vergessen. Ich möchte Menschen, denen ich etwas vorzuwerfen habe, von Herzen gelten lassen. Ich will ihnen vertrauen, mir ihre Freundschaft gefallen lassen. Aber mit dieser Bitte, das weiß ich, rede ich gegen mich selbst. So vergib mir, Vater, meine Schuld unendlich geduldiger, als ich denen zu vergeben vermag, die an mir schuldig sind.

28 »Und führe uns nicht in Versuchung«, bitten wir. Wir denken dabei fast immer an etwas anderes als das, was diese Bitte eigentlich meint. Natürlich hat es Sinn, an die kleinen Versuchungen zu denken, von denen unser Leben praktisch von Stunde zu Stunde mitbestimmt ist. Die Speisekarte im Lokal, der Zigarettenladen an der Ecke, das Schokoladengeschäft, der Autosalon, das Wettbüro, der Spieltisch sind natürlich Varianten dessen, was man Versuchung nennen mag, auch die schöne Frau von nebenan. Aber das ist alles ein Stück unseres Lebens. Und ehe wir Gott bitten, er möge uns vor solcherlei Versuchungen bewahren, sollten wir wohl selbst erst einmal unsere eigenen Kräfte ins Spiel bringen. Was eigentlich gemeint ist, wenn hier von Versuchung die Rede ist, was das eigentlich Lebensgefährliche daran ist, das wollen wir bei einem weiteren Durchgang durch das Vaterunser noch einmal aufnehmen (siehe 19. und 20. Juli).

29 »Sondern erlöse uns von dem Bösen.« – Wenn wir uns selbst prüfen, bemerken wir, dass wir an unzähligen Stellen gebunden sind. Dass wir unfrei sind. Dass wir tun, was wir nicht wollen, und dass uns nicht gelingt, was wir tun. Wir möchten glauben und leben doch, als glaubten wir nicht. Wir möchten lieben und leben doch fast nur für uns selbst. Wir möchten der Wahrheit dienen und gebrauchen die Hilfe der Täuschung, um uns durchzusetzen. Wir möchten auf Gott hingewendet sein und bemerken, dass tausend andere Dinge uns dringlicher und wichtiger sind. Es käme also darauf an, dass einer unsere Fesseln löste. Dass einer »Erlösung«, das heißt Befreiung bewirkte. Befreiung zu einem Menschsein, wie wir es gerne leben würden.

30 In der Bitte um Erlösung von dem Bösen liegt also die scheue Hoffnung, Gott werde uns wenigstens nach dem Ende dieses irdischen Lebens umschaffen zur Gestalt wirklicher Menschen. Zu neuen Wesen – und wäre der Prozess der Umgestaltung noch so mühsam für uns. Wir stellen uns mit dieser Bitte auf äußerste Weise dem Zugriff Gottes anheim und sagen: Erlöse uns von uns selbst. Lass an uns nur das übrig, was deinem Bild eines Menschen entspricht. Reiße uns heraus aus uns selbst. Wir sind gefangen in uns selbst. Mach uns frei!

JULI

1 Als Gebet des Herzens haben wir das »Vaterunser« im Juni betrachtet. Vielleicht können wir so weit mitgehen. So weit jedenfalls entspricht, was wir mit dem Vaterunser meinen, landläufigen christlichen Vorstellungen. Aber könnte es nicht sein, dass das Vaterunser noch andere Dinge meint? Hat es zum Beispiel einen politischen Aspekt? Oder einen kosmischen? Sobald wir eine solche Frage stellen, wehrt sich etwas in uns. Was hat dieses Gebet mit Politik zu tun? Oder mit Technik und Naturwissenschaft? Geht es im Christentum nicht um Gott, die Kirche und die Seele des Einzelnen? Vor hundert Jahren dachte man so, in den kaisertreuen Zeiten, als die Kirche es vermied, eigene Gedanken in die Politik einzubringen. Diese Zeiten sind vorbei. Uns sind die Augen aufgegangen. Kolonialgeschichte. Nationale Kriege. Drittes Reich. Holocaust. Stalinismus. Wirtschaftsverbrechen. Umweltzerstörung. Menschenrechtsverletzungen. Welthunger. Weltungerechtigkeit.

Es gilt nicht mehr, einfach der naive Staatsbürger zu sein, bereit zum Applaus und zur Begeisterung. Wir wissen heute, dass die Auswirkung unseres politischen Verhaltens – ob durch Tun oder durch Nichtstun – nicht nur bis an die Grenze zwischen

Kirche und Staat reicht und nicht nur bis an den Rand unseres Vaterlandes, sondern rund um die Erde.

2 Natürlich hat Jesus nicht an Atomkriege oder wirtschaftlichen Kolonialismus gedacht, als er den Seinen das Vaterunser vorsprach. Aber ein solches Gebet füllt sich im Laufe von Jahrtausenden mit allem, was die Menschen getan und erfahren haben, die es im Munde führten. Es wird breiter sozusagen um den ganzen Strom der Geschichte, die inzwischen geschehen ist. Und es kommt zu uns nicht mehr als das einfache Wort, als das es einmal formuliert wurde, sondern angefüllt mit Taten und Untaten, mit Bedeutungen und Bedeutungsschichten, mit Anweisungen und Hinweisen, die es in zwanzig Jahrhunderten aufgenommen hat und in unserer Zeit weiter aufnimmt. »Der Geist Gottes wird euch weiter in die Wahrheit leiten«, sagt Jesus in den Abschiedsreden (Joh 15,13).

3 Wer versucht, die Stimme des Geistes in unserer Zeit zu hören, der wird viel mithören, was heute geschieht, was heute gelitten wird, was heute an Unrecht und Gewalt geübt wird und was heute an Weisung des Geistes Gottes ergeht. Was also hören wir heute mit? Wo ist Gott für uns heutige Menschen? Ist er nur das einsame Gegenüber unserer Seele? Ist er nicht überall, wo wir mit unserem Herzen und mit unserem Kopf gefordert sind? Überall, wo uns Menschen begegnen, mit denen zusammen unser Leben auf irgendeine Weise stattfindet? Überall, wo auf dieser Erde etwas geschieht an Mühe und Verantwortung, an Schuld und Opfer? Und ist er nicht überall, wo wir uns eingebunden sehen in die Gesamtschöpfung des Universums, den kosmischen Zusammenhang?

4 »Geheiligt werde dein Name.« – Wir reden von Gottes Namen, das heißt von seiner Nähe und Gegenwart. Damit nennen wir die Namen jeder Pflanze, jedes Sterns, jedes Tieres. Dass ein Wesen oder ein Ding einen Namen hat, bedeutet, dass es erkennbar ist, dass es eine bestimmte Art hat zu leben, dass es etwas Eigenes ist, von Gott so gemeint, wie es ist. Der dieses Besondere geschaffen hat, ist Gott. Indem wir also seinen Namen als heilig, als unantastbar, als kostbar und schützenswert ansehen, sehen wir den Namen aller Wesen so an und ehren in ihnen den Willen, die Gestaltungskraft, den Einfallsreichtum Gottes.

5 Zwei Gedanken sind bei der Bitte um die Heiligung des Namens leitend. Einmal der aus der Schöpfungsgeschichte stammende Gedanke, der Mensch sei geschaffen zu Gottes Bild; zum anderen der, den Jesus äußert: Er, Christus selbst, sei gegenwärtig in jedem noch so ärmlichen, noch so geschundenen Menschen. Wenn wir also den Namen Gottes, das heißt ihn selbst, heilig halten, muss das nicht seine Wirkung haben auf unser Bild von den Menschen? Tragen sie nicht alle den Namen Gottes?

6 Wir reden heute von den Menschenrechten. Die Erklärung der Menschenrechte vom Mayflower Compact der Amerikaner an über die Französische Revolution bis hin zur Satzung der UNO hatte immer den Hintergrund dieser biblischen Gedanken. Wir sagen vielleicht nicht: Die Würde des Menschen werde geheiligt, aber es ist die praktische Konsequenz, wenn wir als Bürger dieses Jahrhunderts um die Heiligung des Namens Gottes bitten. Denn die Menschenrechte sind mehr als eine Phrase in der politischen Alltäglichkeit. Sie sind ein Gut, das im Namen Gottes und des Menschen zu schützen ist, und sei es gegen alle politischen Interessen, die ihm im Wege stehen, und gegen alles politische Desinteresse, denen es täglich begegnet.

7 Der Name Gottes ist zugleich der Name aller Menschen. Er ist der Name des ganzen Universums und aller Dinge und Wesen, die es enthält. Des Universums, das sich in jedem einzelnen Menschen spiegelt, das ihn umgibt und das sein Leben ausmacht. Und dieser Name, so sagen wir, soll heilig sein.

8 »Dein Reich komme.« – Wir bitten um das Kommen des Reiches. Wir bitten damit nicht um etwas Nebelhaftes, sondern um etwas, das Jesus Christus recht genau beschrieben hat. Er spricht in seinen Bilderreden davon, wir seien mit allen anderen Menschen zusammen Gäste in Gottes Haus. Er spricht davon, dieses Haus sei ein Reich des Friedens und der Gerechtigkeit. Es werde das Ende von Leid und Angst bringen, das Ende von Gewalt und Mangel. Er sagt, es habe seinen ersten Ursprung im Herzen des Menschen, der seinem Wachsen und Reifen Raum gibt. Es bilde sich zwischen den Menschen, wo immer etwas Gerechtes getan werde. Es sei aber auch außerhalb der Reichweite des Menschen und komme aus Gottes Willen in der Zukunft auf uns zu. Es sei der Raum, in dem Gottes Wille geschieht.

9 Wo ist Gottes Reich? Es ist im ganzen Kosmos. Jedes Gesetz, das wir der Natur ablauschen, drückt seine Präsenz aus. Jede Ordnung der Elemente, jede Kraft, die die Stoffe bewegt, drückt aus, dass diese Welt nach seiner klaren, unbeugsamen Absicht besteht und sich wandelt, sich entwickelt, auf ein Ziel zuläuft und in diesem Ziel endet. Das schöpferische Feuer am Anfang, die Dynamik der Evolution, das Entstehen und Vergehen von Gestirnen: Das alles ist sein Reich. Vielleicht verhilft uns die heutige Naturwissenschaft zu einer Ahnung von der großen sensiblen und vielgestaltigen Ordnung, die wir »dein Reich« nennen. Wir sagen damit: Gib uns die Einsicht, das Wahrnehmen, sodass es auch in unser Bewusstsein gelangt, in unsere Seele, in unsere Weise, in dieser Ordnung zu leben. Das Reich ist alles, was du kannst, und nichts ist, das du nicht könntest.

10 Wenn wir also bekennen: »Ich glaube an Gott, den Schöpfer des Himmels und der Erde«, dann sprechen wir von diesem Aspekt seines Reiches. Und dann werden wir mit diesem Reich Gottes in einer Ehrfurcht umgehen, die uns modernen Menschen bislang so unendlich fremd ist. Dann wird der Umgang mit unserer »Umwelt« plötzlich zu einem religiösen Tun. Dann wird der Gedanke von der »Bewahrung der Schöpfung«, der in unseren Jahren entdeckt wird, zu einem Teil eines menschheitlichen Glaubens.

11 Noch eines: Das Reich Gottes ist ein Reich des Friedens. Wenn in der Friedensbewegung unserer Tage immer wieder Christen sich führend engagieren, dann hat das seinen Sinn und seine Berechtigung in dem Gedanken, Christen seien aufgerufen, mit ihrem Einsatz gegen Krieg, Gewalt und Hass nicht nur für die Menschen dieses Erdballs etwas Hilfreiches zu tun, sondern auch der Zukunftshoffnung auf das Reich des Friedens Ausdruck zu geben. Die Sorge um den Frieden gehört heute – sofern sie nicht von jeher zu den Aufgaben der Kirche gehört haben sollte – zu den Aufgabenkreisen, an denen eine Kirche, die diesen Namen verdient, keinesfalls vorbeikommt. Wenn wir also sagen: »Dein Reich komme!«, dann sagen wir damit: Und hilf uns, dass dein Reich des Friedens ahnungsweise schon in dem zu uns komme, was wir mit unseren schwachen Kräften tun, um ihm Raum zu schaffen.

12 »Dein Wille geschehe, wie im Himmel so auf Erden.« – Wir können natürlich einwenden: Das ist unnötiges Bitten. Der Wille Gottes geschieht. Diese ganze Welt ist voll von seinem eisernen Willen. Auch in den Universen, die wir nicht kennen, dürfte er in all seiner Unaufhaltsamkeit am Werk sein.

Aber was will denn sein Wille? Gott will offenbar die Freiheit des Menschen als eine Kraft, die seine eigene göttliche Freiheit spiegelt. Es ist deutlich: Er will nicht, dass Menschen andere Menschen um diese Freiheit bringen. Er will auch nicht, dass die innere Freiheit des Menschen erstickt wird dadurch, dass andere Menschen sie um ihre äußere Freiheit bringen.

13 Es hat schon sehr seinen Sinn, dass es heute Befreiungsbewegungen in den Kirchen etwa Südamerikas gibt, die die wirtschaftliche und die politische Unterdrückung der Menschen aufheben wollen, damit die Menschen als freie Wesen aus Gottes Hand gemäß dem Willen Gottes leben können. Sie berufen sich dabei auf das Evangelium, das von der Befreiung der Gebundenen und von der Entlastung der Beladenen spricht.

Was Jesus wollte und will, das drückt er immer wieder mit dem Wort »Gerechtigkeit« aus. Wo etwas Gerechtes auf dieser Erde geschieht, da geschieht, was er will. Die Christenheit, die seinen Willen erfüllen will, kommt also nicht darum herum, sich weltweit für Gerechtigkeit einzusetzen. Sie kann nicht bitten: Dein Wille soll geschehen, ohne selbst etwas dazu beizutragen.

14 »Unser tägliches Brot gib uns heute.« – Wie schon gesagt, meinen wir damit alles, was wir brauchen, um Frieden zu haben, Schutz und Gerechtigkeit. Schutz finden in einem Haus ist tägliches Brot. Seine Kraft einsetzen können ist Brot, von dem wir leben. Einen Menschen haben, mit dem man vertraut ist, sich nicht ängsten müssen vor Streit und Hass und vor der Hölle des Krieges. Das alles ist Brot, das wir täglich brauchen und für das wir täglich danken.

15 Wir sagen »unser« Brot, nicht »meines«. Brot ist für alle da. Brot ist teilbar. Wenn heute einer wachsenden Weltbevölkerung das Brot knapp wird, wird aus dem Teilen ein politisches, ein wirtschaftliches Planen und Tun. Kein Christ auf dieser Erde und keine christliche Kirche wird sich über den ungeheuren Zahlen der Hungertoten beruhigen können.

16 Christus sagt: »Ich war hungrig, und ihr habt mich gespeist.« Wenn er sagt: »Was ihr einem von diesen Hungrigen gegeben habt, habt ihr mir gegeben«, dann ist das letzte verhungernde Kind eine Anklage gegen alle Satten dieser Erde, besonders die satten christlichen Völker. Aber das alles muss nicht weiter beredet werden. Es liegt vor aller Augen, vor allem vor den Augen derjenigen, die heute das Vaterunser sprechen.

17 »Und vergib uns unsere Schuld, wie auch wir vergeben unsern Schuldigern.« – Die politische Geschichte der letzten dreihundert Jahre ist auch eine Geschichte der Verbrechen der Kolonialzeit. Die Schuld, die das christliche Abendland in dieser Zeit auf sich geladen hat, lässt sich mit Worten kaum darstellen. Diese Geschichte wird auch und gerade im Zusammenhang mit der Geschichte der Mission verdrängt, und das heißt: nicht aufgearbeitet.

18 Wir könnten uns die Bitte des Vaterunsers um Vergebung unserer Schuld neu formuliert auch so vorstellen: Lass uns nicht von unseren Staatsschulden aufgefressen werden, wie auch wir den armen Ländern Afrikas oder Asiens oder sonstwo ihre Schulden erlassen, ehe sie verhungern. Ein afrikanischer Politiker sagte dies fast genauso in diesen Tagen: Wir vergeben den Europäern die Kolonialzeit und erwarten dafür die Tilgung unserer Schuld.

19 »Und führe uns nicht in Versuchung.« – Wie schon gesagt, damit bitten wir nicht: Führe uns an keinem Schokoladenladen vorbei. Versuchungen dieser Art sind nun wirklich unsere Sache. Es besteht aber eine Gefahr, der wir wenig oder nichts entgegensetzen.
Die Gefahr ist die, dass wir sagen: In dieser Welt geschieht so viel Gewalttat, so viel Unrecht, so viel Niedertracht. Das Böse ist übermächtig. Es bringt nichts, wenn ich mich um Gerechtigkeit bemühe. Es gibt wohl überhaupt keine Gerechtigkeit, und vielleicht hat die Gewalt Recht. Es wird so unendlich viel gelogen, täglich und überall. Wenn einer meint, die Wahrheit zu sagen, ist noch lange nicht klar, ob sie nicht doch Teil einer Lüge ist. Es gibt wohl überhaupt keine Wahrheit. Es gibt so viel Leid und Elend, so viel Schmerzen und Ängste. Es scheint so, als setze sich in dieser Welt immer und immer nur das Böse durch. »Optimismus ist ruchlos«, hat einer gesagt.

20 »Führe uns nicht in Versuchung«, das könnte heißen: Führe uns nicht in Gefahr zu resignieren. Die Gefahr, dass wir sagen: »Es ist doch nichts zu machen. Die ökologische Hülle der Erde ist schon so zerstört, es gibt keine Hoffnung mehr. Die ausbeuterische Gesinnung der Menschen ist unausrottbar. Die Phrasen sind nicht zu durchdringen. Die moralische Fassade jeder Art von Verbrechen übersteht jeden Versuch, die Wahrheit zu zeigen.« Führe uns also nicht in die Versuchung, die Hände sinken zu lassen und alle Hoffnung aufzugeben.

21 »Sondern erlöse uns von dem Bösen!«, denn der Eindruck, es gebe in dieser Welt eine dunkle Macht, die so groß ist wie die deine, vielleicht auch größer, ist unausweichlich. Vielleicht, ja vielleicht gibt es einen wie den, den wir »Satan« nennen. Vielleicht ist, was wir so bezeichnen, auch dein eigener Schatten, Gott. In beiden Fällen können wir nur schreien: Mach uns frei von dem, was uns ängstet, was uns drückt, was uns quält, was Sinnlosigkeit ist, Tod oder Unrecht. Gib uns einen Weg, den wir gehen können. Gib uns eine Richtung, gib uns ein Ziel, das wir verstehen. Mach uns, wir bitten dich – und sind dabei am Rand der Verzweiflung –, mach uns frei.

22 Soweit die sieben Bitten angesichts der Gegenwart und Zukunft unseres Menschenschicksals. Ihnen folgt nun noch eine leidenschaftliche Beschwörung all dessen, was rettet. Eine Beschwörung dessen, was wir Gott zuschreiben, was wir über Gott empfinden, wenn wir ihn, wie Jesus sagt, als »Vater« anreden: »Denn dein ist das Reich und die Kraft und die Herrlichkeit in Ewigkeit. Amen.«
Du Rätsel Gott! »Dein ist das Reich«, auf das wir zugehen. Das glauben wir gegen allen Augenschein und gegen alle Winkelzüge unseres eigenen Nachdenkens. Wer du auch immer sein magst, du bist letztlich das Ziel und der Sinn unseres Lebens und des ganzen Kosmos. In dich wird alles eingehen, was jetzt von dir getrennt zu leben scheint. Auch wir selbst. Auf dich wird sich alles zuordnen, was jetzt noch seine eigenen Wege geht. Aus dir ist alles. Du erfüllst alles. Du führst alles zu seinem Ziel.

23 »Dein ist die Kraft.« – Alles, was Kraft heißt in diesem Universum, ist aus dir. Alle Gesetze, nach denen es lebt, sich bewegt, sich entwickelt und sich auflöst, sind im

Grunde du selbst. Alles, was wir Materie nennen, gehört dir an. Alles ist im Grunde Geist aus deinem Geist. Kraft aus deiner Kraft. Energie aus deiner Energie. Auch unsere Kraft, unsere kleine, unwichtige, ist ein Instrument in deiner Hand. Nichts ist, das dir zuletzt eine Gegenkraft entgegenstellte, nichts wird dir in Ewigkeit widerstehen.

24 »Dein ist die Herrlichkeit.« – Damit sagen wir: Du bist alles, was Licht ist. Nichts ist dunkel, wo du bist. Was uns dunkel und fragwürdig scheint an Gott, ist nur darum dunkel, weil unsere Augen es nicht durchdringen. Auch unser eigener Tod ist ja dunkel nur in unseren Augen, vor dir ist er ein Weg ins Licht. Dich rühmt alles, was ist. Dich meint der Gesang der Sterne, das kosmische Klingen und die Harmonie der Dinge. Und wir, denen dieser Gedanke so fern liegt, werden eines Tages in dein Licht eingehen und mit neuen Augen dich schauen.

25 »In Ewigkeit«, sagen wir. Wissen wir, was das ist? Heißt Ewigkeit: eine unendlich lange Zeit? Nein, sicher nicht. Heißt es: die Zeit nach dem Ende der Zeit? Kaum. Heißt es Zeitlosigkeit? Aber was meinen wir damit? Der antike Mensch stellte sich unter »Ewigkeit« einen der vielen, der unendlich vielen einander folgenden Zyklen der Weltentwicklung vor. Eine Ewigkeit, für die Griechen ein »Aion«, für den Lateiner »aevum« oder »aeternitas«, ist nach antiker Vorstellung ein unendlich langer Zeitraum, der eines fernen Tages zu Ende gehen wird. So sagt auch die Bibel bezeichnenderweise: »Du, Gott, bist Gott von Ewigkeit zu Ewigkeit.« Von einer Ewigkeit zur nächsten und wieder zur nächsten. Von einem Zyklus zum anderen. Biblisch heißt das: »bis in die Ewigkeit der Ewigkeiten«. In Kolosser 1,26 ist Ewigkeit in der Mehrzahl gebraucht: »seit den Ewigkeiten«. Nach Epheser 2,2 ist Ewigkeit die Weltzeit, die durch die Schöpfung und ihr Ende begrenzt ist, und so gibt es eine Ewigkeit, die mit dieser Welt endet. Auch am Ende des Vaterunsers steht: »Denn dein ist das Reich und die Kraft und die Herrlichkeit bis in die Ewigkeiten« (Mt 6,13).

26 Hätte man einem antiken Menschen gesagt, was sich die heutige Physik vorstellt, es werde eines Tages unser Universum in seinen Ausgangspunkt zurückstürzen, danach werde es wohl zu einer neuen Weltentwicklung aufs neue explodieren, hätte er sich vermutlich kaum gewundert. So liegt auch im biblischen Ewigkeitsgedanken die Vorstellung von vielen Weltzyklen. Es versammelt sich etwas und geht wieder auseinander. Es besteht etwas und vergeht wieder. Es leuchtet auf, verbrennt, wird zu Asche und geht zu Ende. Ein solcher Zyklus ist eine »Ewigkeit«.

27 Noch eins ist wichtig: In dem Wort, das das Alte Testament für Ewigkeit gebraucht, »Olam«, liegt auch – abseits einer Vorstellung der langen Zeit – etwas wie das, was wir das »Universum« nennen. Der ungeheure Raum und die ungeheure Zeit zugleich. Es ist gemeint die Seinsfülle, die Zeitmächtigkeit, die raumgreifende Macht Gottes, von der uns der Kosmos eine Ahnung gibt. Wir würden heute sagen: die raumzeitliche Einheit dieser Welt, die einst durch eine neue Welt und Schöpfung – vielleicht ganz anderer Art – abgelöst werden wird.

28 Wäre ein antiker Mensch der modernen Vorstellung begegnet, es gebe möglicherweise mehrere oder viele Universen, die in uns unzugänglichen Dimensionen parallel zu unserem Universum bestünden, von denen uns Menschen aber nur eine zugänglich sei, er hätte sich vermutlich nicht sehr gewundert. Wir Heutigen brauchen einen gewaltigen Denkschritt, um aus der Enge unserer neuzeitlichen Vorstellungen herauszufinden. Und die moderne Physik könnte uns – überraschenderweise – dabei helfen.

29 Mit den Worten »in Ewigkeit« beten wir den Gott an, der von »Ewigkeit zu Ewigkeit«, also die Zyklen dieser Welt überdauernd, lebt und ist und schafft. Wir beugen uns vor ihm im Bewusstsein der Schwäche und Unzulänglichkeit aller unserer Gedanken und Vorstellungen.

30 Am Ende des Vaterunsers sagen wir: »Amen.« Damit sagen wir: Das ist der Boden, auf dem wir stehen. Dein Reich, deine Kraft, deine Herrlichkeit. Das bleibt, wenn alles schwindet. Das gilt, wie alles, was Gott je gesprochen hat. Das ist die Kraft, mit der wir das bestehen wollen, was uns droht.
Manchmal stand ich an einem frühen Sommermorgen am Ufer eines Sees. Im ersten Licht, während die Sonne langsam sich dem Horizont näherte und ihre Farben anfingen, über den Himmel zu ziehen, sagte ich: Amen. Damit drückte ich aus: So ist es. Alles, was um mich her lebt, lebt aus deiner Kraft. Ich selbst, der dasteht an diesem Ufer, lebe aus deiner Güte. Das Licht, das mir aufgeht, ist von dir. Und das gilt, von einem Tag zum anderen, alle Tage meines Lebens.

31 Ich lasse mich also auf meinem Weg begleiten von dem schlichten Gebet, das mir Jesus gegeben hat. Ich gehe mit ihm den nächsten Schritt. Mein Leben ist eine Wanderung. Ich behalte das Ziel im Auge. Ich lasse mich einen Träumer schelten von denen, die sagen: Mit beiden Füßen muss der Mensch auf der Erde stehen. Aber wer ein Ziel erreichen will, muss einen Weg zurücklegen.

Wer mit beiden Beinen auf der Erde steht, kommt nicht vorwärts. Ich vertraue dem Weg, den du mich führst, Vater.

Dom Hélder Câmara, der große brasilianische Bischof, sagte einmal: »Nein, ich bleibe nicht stehen. Es ist göttliche Gnade, gut zu beginnen. Es ist eine größere Gnade, auf dem guten Weg zu bleiben und den Rhythmus nicht zu verlieren. Aber die Gnade der Gnaden ist es, sich zu beugen und, ob auch gebrochen und erschöpft, vorwärts zu gehen bis zum Ziel.«

AUGUST

1 Millionen Menschen wandern Jahr um Jahr auf ihren Urlaubsreisen durch heilige Räume. Warum tun sie das? Ahnen sie vielleicht, dass sie hier etwas finden würden, was sie näher in sich selbst hineinführt? Ich möchte mit Ihnen in den kommenden Wochen durch alte Kirchen wandern und dabei darüber nachdenken, was dies alles für uns heute bedeuten könnte, was die Erbauer vor vielen Jahrhunderten tiefsinnig geplant, schön gebaut und mit einer erstaunlichen Kraft gestaltet haben.

2 Heilige Räume gibt es allüberall in der Welt. Überall gibt es heilige Bezirke, Tempelräume, heilige Schreine, Moscheen, Synagogen, Kirchen und Kapellen. Betrachtet man sie von innen, so leuchten sie wie der Innenraum einer begnadeten Seele. Schön. Festlich. Kostbar. Wohnlich. Und in diesen Innenraum der Seele, so wünscht man sich, möge Gott eintreten. Oder er möge dort anzutreffen sein. Und dort möge man nicht nur in seinem eigenen Herzen gegenwärtig sein, sondern im Herzen aller Dinge, im Herzen der Welt. Ein Psalm sagt: »Gott ist in seinem heiligen Tempel. Es sei stille vor ihm alle Welt.« Darum sind solche Räume heilig. Darum erfordern sie unsere

Sammlung, unser Stehen oder Knien. Unsere Fähigkeit anzubeten, zu danken. Unsere Fähigkeit zum rühmenden Gebet.

3 Ich gehe einen kleinen Umweg: Was bedeutet denn das Wort »Tempel«, das ja aus dem Lateinischen kommt und das für die ganze Bibel so zentral wichtig ist? Das Wort bezeichnet ursprünglich das Weltall, das Universum, wie wir heute sagen. Danach bedeutet es einen abgegrenzten, ausgemessenen Bezirk am Himmel; einen bestimmten Ausschnitt des Sternenhimmels, aus dem die Priester der alten Welt ihre Deutungen für das Menschenleben ablasen. Sie gewannen aus dem Blick nach dem Tempel die Einsicht in die höhere, göttliche Ordnung, die das Maß abgab für das, was auf der Erde gelten sollte. Und weil es auf der Erde gelten sollte, grenzten sie auf der Erde unten einen entsprechenden Bezirk ab, der das Maß abnahm von dem Ausschnitt am Himmel. Tempel hieß darum für die Römer auch Schaugebiet, Gesichtsfeld, nämlich Gesichtsfeld dessen, der den Himmel betrachtet, und zugleich die Warte, von der aus der Beobachtende den Himmel betrachtet. Und erst viel später wurde das Wort Tempel zur Bezeichnung eines Gebäudes, in dem man gefeiert hat, was am Himmel zu sehen gewesen war.

4 Wir sprechen heute wieder von Kontemplation. Wir meinen damit ein bestimmtes gesammeltes Schauen und Betrachten. Die Vorsilbe »con« heißt »zusammen«. Wir führen also in der Kontemplation die obere und die untere Welt zusammen – den Himmel und die Erde, das Göttliche und das Menschliche – und ordnen das Menschliche nach dem göttlichen Maß. Dass für uns die Welt eins und ganz ist und nicht in eine obere und eine untere zerfällt, dass das Menschenleben seine Ganzheit und Fülle gewinnen kann, wenn auf diesen Zusammenhang geachtet wird – das alles kommt in dem Wort

Kontemplation zum Ausdruck. In der Bibel ist dieser Gedanke in der Erzählung ausgedrückt, Mose habe von Gott die Weisung empfangen, das Heiligtum der Wüstengeneration, das heilige Zelt, genau nach dem Muster zu bauen, das Gott ihm auf dem Berg gezeigt hatte. »Sieh zu, dass du alles machst nach dem Maß und Muster, das dir auf dem Berg gezeigt wurde«, schärft Gott ihm ein (vgl. Ex 26).

5 Wir könnten die obere und die untere Welt als einen großen Gegensatz verstehen. Wir könnten sagen: Oben ist das Gute, unten ist das Böse. Oben ist das Licht, unten die Finsternis. Oben ist Gott, unten ist die Hölle. Oben ist die Wahrheit, unten ist der Irrtum. Aber das wäre ein tiefgehender Irrtum. Denn Gott ist nicht ein Gott des Himmels allein. Dass er in Christus Mensch geworden sei, bedeutet ja eben, dass er unten anzutreffen ist und dass unsere Erde mit der Welt Gottes, die wir den Himmel nennen, eins ist. Dass Gott nah bei uns ist und wir nah bei Gott.

6 Ich stehe im freien Raum einer alten Anlage. Ich bin umgeben von einem Kreuzgang und von den Gebäuden eines fast tausendjährigen Klosters, nämlich des Klosters Alpirsbach im Schwarzwald, das im 11. Jahrhundert als Benediktinerabtei gegründet wurde. Fast in jedem Kloster ist der Mittelpunkt der Anlage ein freier Raum. Und in diesem wohlabgemessenen Raum, der für Meditation bestimmt war, scheint sich die Hoffnung ausgedrückt zu haben, dass etwas von der Ordnung, von dem Maß, von der Stille und Klarheit dieses freien Raums in das Leben der Gemeinschaft eingeht.

7 Ich bin als junger Mensch, in einer Zeit, in der die Erde eine Hölle war, dem Wort des Leonardo da Vinci begegnet: »Binde deinen Karren an einen Stern.« Und später dem Wort von Wilhelm Raabe: »Sieh nach den Sternen, gib acht auf die Gassen.« Ich hörte damals die für mich entscheidende Botschaft: Die Erde ist nicht verlassen. Der Himmel und die Erde sind nah verbunden. Was oben gilt, muss auch unten gelten. Und ob ich unten auf der Erde leben kann, das hängt davon ab, ob ich in diesem Zusammenhang lebe. Und so höre ich das Wort des großen Mystikers Meister Eckart: »Du, Mensch, schau dich in deinem Leben nie so an, als wärst du ferne von Gott. Und wenn du dich nicht so ansehen kannst, dass du nah seist bei Gott, so fasse doch den Gedanken, dass Gott nahe bei dir ist.«

8 Wenn uns in der Zeit der Romanik und Gotik Kirchenräume gegeben sind, in denen Himmel und Erde nach ihren Entsprechungen zusammengeführt sind, wie steht es dann mit uns selbst, die sie betreten? Die Meister der Meditation aus jener alten Zeit, in der solche Räume entstanden sind, sprechen von Konzentration oder von Meditation und meinen damit, der Mensch solle sich selbst aus seiner Orientierungslosigkeit und Zerfahrenheit einsammeln. Sie sagen: Bringe deinen ganzen Menschen, den inneren und den äußeren, in eine Ordnung ein, die dich selbst weit übergreift. Sie sagen: Du bist voll mit tausend Dingen, die dich beschäftigen, wichtigen und unwichtigen; lege sie alle auf die Seite. Lass in dir einen Raum entstehen, in dem sich möglichst wenig abspielt. Wirf das Gerümpel hinaus, mit dem du vollgestellt bist. Du bist kein Schrottplatz. Lass dein pausenloses Geschwätz hinter dir. Schweige. Oder: Lass los, was dich bindet. Nimm für einen Augenblick Freiheit in Anspruch. Sei anwesend. Nicht hier und zugleich anderswo. Sei hier. Sei dir nicht voraus und nicht hinter dir her. Träume dich nicht in Vorstellungen hinein, wer du selber seist, sondern sei anwesend als der, der du bist.

9 Eine besondere Liebe verbindet mich mit den französischen Kathedralen. Nicht so sehr mit den hohen und festlichen und von modernem Beiwerk so bemerkenswert unzerstörten Mittelschiffen und Chören, sondern vielmehr mit dem, was unter ihnen verborgen ist. Wenn ich eine solche Kirche betrete, steige ich nach kurzer Betrachtung des großen, atmenden Raums mit großen Erwartungen in die Krypten hinab. Eine von ihnen hat es mir besonders angetan. In vollkommener Stille ruht sie um ein zentrales, rundes Gewölbe. Um die Mitte steht ein Kranz von zwölf Säulen. Die stehen seit tausend Jahren. Sie sind anwesend. Sie tun nichts. Sie sagen nichts. Es geschieht nichts. Sie stehen in vollkommenem Schweigen. Wenn ich zwischen die Säulen trete, der freien Mitte des runden Raums zugewandt, dann ist es, als wäre ich eine von ihnen. Ich kann lange so stehen. Ich brauche nichts zu tun oder zu reden. Ich brauche nur zu sein. Und am Ende nehme ich die Stille und die Anwesenheit, die solch ein Raum in sich hat, mit mir wieder hinauf über die alten Steinstufen in den von Stimmen durchschwirrten Kirchenraum.

10 Was in solchen tief in der Erde ruhenden Räumen auf uns zukommt, ist eine große, heilende Kraft. Sie wird zu unserer eigenen Kraft, vorausgesetzt, wir wissen, wohin wir gehen, wenn wir in uns selbst hinabsteigen in das Innere unserer eigenen Seele. Denn wir betreten dabei nicht nur uns selbst. Wir sind, wenn wir in uns selbst sind, in einem Raum, der größer ist als wir selbst. Und wir wenden uns, wenn wir uns unserer eigenen Seele zuwenden, zugleich einem Größeren zu als unserer eigenen Seele. Man kann eine Seele nicht heilen, indem man sie mit sich selbst beschäftigt, sondern nur so, dass man ihr den großen Zusammenhang zeigt, für den sie sich öffnen kann.

11 Wer sollen wir sein? Wer sollen wir werden, wenn wir alte Kirchen betreten? Wie finden wir die Einheit und Ganzheit, die wir so sehr vermissen? Durch allerlei Übungen, so wichtig sie sind, gewiss nicht.

An der Westseite der großen Dome haben die alten Meister oft einen ganz besonderen Christus gestaltet, über dem Portal, durch das die Menschen eintraten. Eine Christusgestalt, die ihnen zeigte, wer Christus ist und wer sie selbst werden könnten, wenn Christus in ihnen ist und in ihnen wirkt. Es ist der Christus in der Mandorla. Dieser mandelförmige Rahmen, in dem Christus sitzt oder steht, entsteht dadurch, dass zwei Kreise sich partiell überschneiden. Er entsteht durch die Überschneidung von Menschenwelt und Gotteswelt, von Überwelt und Erde, von Geist und Natur. Christus war Mensch und Gott in einem. Durch ihn verbinden sich Himmel und Erde, wollte man sagen. Er vereinigt die Einheit der gespaltenen Welt. Wie es in dem alten Wort »Tempel« zum Ausdruck kam. Die Einheit von oben und unten. Dieser Christus gibt das Maß, das in Gott gilt, der Erde weiter und sagt zu mir und dir: Ein solches Überschneidungsgebiet zwischen Himmel und Erde kannst du sein, Mensch. Und in ihm findest du die Einheit zwischen dem, was du bist und was du sein sollst, was du bist und was du werden möchtest. »Weißt du nicht«, fragt Paulus, »dass du ein Tempel des Heiligen Geistes bist?« (1 Kor 6,19)

12 Du brauchst keine besonderen asketischen Anstrengungen zu vollbringen. Wichtig ist nur, dass du anwesend bist, wenn hier etwas auf dich zukommt. Dass du formbar bist durch etwas Großes, das dir begegnet. Dass etwas an dir geschehen kann, das anderswo herkommt als aus dir selbst, und dass du ihm nicht im Weg bist. Denn Gott ist dir näher, als du dir selbst bist. Nichts in dieser Welt ist gottlos. Alles ist ein einziges Überschneidungsgebiet zwischen der Welt, die wir kennen, und dem Geheimnis Gottes. Und du selbst bist das Feld, auf dem sich beides überschneidet, sobald Gott dir in Christus aufgegangen ist. Nicht dass dein Leben dabei leichter wird. Wohl aber findet es seinen Weg, seine Ganzheit, seine Freiheit und seine Erlösung.

Und unser Dasein kann dabei zur Rühmung werden. Rühmung bedeutet: Wir preisen Gott, der uns so nahe ist. Wir finden zu einem Leben in der großen Dankbarkeit, die wir Glauben nennen.

13 Meister Eckart sagt: »In unserem tiefsten Innern, da will Gott bei uns sein. Wenn er uns nur daheim findet und die Seele nicht ausgegangen ist mit den fünf Sinnen.« Und der große spanische Mystiker Johannes von Kreuz sagt: »Man muss dem Inneren die entspannte Ruhe zugestehen, auch wenn man überzeugt ist, die Zeit im Nichtstun zu verlieren. Das einzige, was man in diesem Zustand tun kann, ist dies: Man soll das Innere frei lassen von Wahrnehmungen und Gedanken, Meditationen und Erwägungen und sich ausschließlich hingeben an ein liebevolles und friedvolles Innewerden Gottes.«

14 Das Maß für unser Menschenleben liegt also in der Verbindung von Himmel und Erde, die uns in Christus vor Augen steht, die unsere Gespaltenheit aufhebt und in uns geschehen soll, wenn denn Christus in uns ist. Wie aber soll der Weg aussehen, den wir als in sich gefügte, geheilte Menschen auf dieser Erde gehen sollen?

Die alten Kirchen zeigen ihn. Sie beginnen mit einem Tor, über dem Christus uns vor Augen gestellt wird. Der Weg geht durch einen Vorraum, er führt in ein langes Kirchenschiff mit seinen schrittweise angeordneten Pfeilern. Er führt zu einem Altar, an dem wir von Gott selbst aufgenommen werden, und endet mit dem Blick auf ein Fenster, das uns in seinen Bildern und in seiner Transparenz unsere Zukunft vor Augen stellt: die Heilung der Welt; die Heilung unseres eigenen Menschen und seine Erlösung.

15 Der Weg des Menschen auf dieser Erde – das ist der Sinn der besonderen Architektur solcher Kirchen, wie ich sie oben beschrieben habe. Das scheint einfach. Und ist es doch nicht. Deshalb hat man im Mittelalter in manchen Kathedralen an den Beginn des Weges durch das Mittelschiff eine merkwürdige grafische Figur in den Fußboden eingelassen: ein Labyrinth, einen Suchweg. Wenn ich etwa in der Kathedrale zu Chartres vom Portal aus das Mittelschiff betrete, dann werde ich zunächst einmal auf einen verschlungenen Weg geführt. Ich gehe in Windungen auf eine Mitte zu, immer wieder von der Mitte weg an den Rand und am Ende vom Rand aus plötzlich in die Mitte. Es ist ein Suchen und ein Gehen, das über Umwege und Annäherungen und neue Enttäuschungen am Ende die Mitte doch noch erreicht. Ich kann nicht anders, als dieses Symbol eines Menschenweges auf dem geistlichen Weg der Christen zu bewundern.

16 In der Kathedrale von Sens, die wie Chartres ein Labyrinth aus dem 13. Jahrhundert besitzt, wurde noch mehr mit diesem Suchweg verbunden. Noch im 15. Jahrhundert fand dort am Osterfest ein Spiel statt, in dem auf dem Fußboden die Höllenfahrt des Christus dargestellt wurde, der Weg, auf dem er die Gefangenen des Todes aufsuchte, bis er aus der Unterwelt, nach der Überwindung des Todes und des Satans, auferstand. Und wieder war das Labyrinth ein Bild für den Weg des Menschen in seine eigene Auferstehung. Danach konnte der Weg durch die Kirche bis zum Altar gegangen werden, im Dank für die Botschaft vom Leben in Gott.

17 Wenn wir unseren Schritt in ein Labyrinth setzen und den uns vorgezeichneten Suchweg nachempfinden, kann uns für unser Leben deutlich werden: Wir sind manchmal nahe der Mitte und haben doch noch einen weiten Weg zu gehen. Er wird uns von der Mitte wegführen und wieder bis an den Rand. Aber wenn wir meinen, an den Rand zu geraten und der Mitte fern zu sein, dann kann sich ereignen, dass wir gerade dort unmittelbar vor unserem Ziel stehen.

18 Wir werden durch lange Strecken unseres Lebens im Kreis gehen, aber dieser Weg wird ein Weg gleichsam durch den dreieinigen Gott sein. Wenn ich auf dem Suchweg durch ein Labyrinth nach Gott frage, dann höre ich: Suche Gott in deiner eigenen Seele. Gehe ich aber in meine eigene Seele, dann höre ich: Hier findest du ihn nicht. Er ist draußen bei den Menschen, vor allem bei denen, die deine Hilfe brauchen. Wenn ich aber Gott suche in den Menschen meiner Zeit, dann höre ich: Nicht heute, in der Zukunft suche Gott und sein Reich. Wenn ich mich also aus meiner eigenen Seele und von den Menschen meiner Zeit entferne und mein Heil und meine Hoffnung in der Zukunft festmache, dann höre ich: Suche Gott nicht in irgendeiner Zukunft, sondern im jetzigen Augenblick und sieh zu, was du tust. Suche ihn auf der Erde, auch in der Erde, die du selbst bist.

19 Mir hat sich auf Labyrinth-Wegen erwiesen, ich solle Gott dort suchen, wo er mir am nächsten und am glaubwürdigsten begegnet, und das war immer wieder in der Gestalt, in dem Weg und in dem Wort des Jesus von Nazareth. Und es habe Sinn, sich diesem Gott – auch auf all unseren Irr- und Suchwegen – für Zeit und Ewigkeit anzuvertrauen und also von dem Labyrinth am Eingang einer Kirche den Weg durch das große Mittelschiff bis zum Altar weiterzugehen.

20 Das Wort »Weg« hängt zusammen mit dem Wort »Wagnis«. Wagen wir unseren Weg, jeder auf seine Weise! Nicht das Werk, das wir zustande gebracht haben, wird unseren Weg rechtfertigen, sondern die Weise, in der wir unseren Weg gegangen sind; in dem Vertrauen, das in ihm zum Ausdruck kam.

Nun meinen manche, sie müssten sich, um ihren Weg zu finden, an einem Wegzeiger festbinden, an einer Schulmeinung, einem Dogma, einer Lehre, die ihnen einmal nahegebracht worden ist. So, meinen sie, könnten sie die Richtung nicht verlieren. Wer aber einen Weg, einen offenen und unbekannten, wirklich geht und nicht nur bedenkt, lässt diesen Weg und mit ihm alle Wegzeiger mit jedem Schritt weiter hinter sich.

21 Als Christen können wir wissen, dass der Weg zur Wahrheit und zum Leben nie ein für alle Mal gefunden und gegangen werden kann. Er wird immer von Unwissenheit zur Klarheit und danach wieder zu einem neuen Nichtwissen führen, vom Unglauben zum Glauben, vom Glauben zum Zweifel und zu einem neuen Vertrauen. Jeden Tag gehen wir als veränderte Menschen durch eine neue Umgebung, begreifen einmal das eine, einmal das andere und dürfen uns mit dem begnügen, was uns jeweils zuwächst.

22 Innere Weg sind verbunden mit dem Wagnis, in das unbekannte Land der eigenen Seele einzutreten, dort aber nicht zu bleiben, sondern weiterzugehen über die eigene Seele hinaus. Wer seinen inneren Weg finden will, wird dorthin weitergehen, wo er eine Stimme hört, die anderswo herkommt als aus der eigenen Seele. Jeder Weg dieser Art wird in einem lebenslangen Weitergehen, Weitersuchen, Rufen und Horchen und Wagen bestehen.

23 Die Wege, die wir durch unser Leben gehen, enden, so glauben wir, in einem Frieden, der aus Gott ist. Wenn wir eine Kirche besuchen, dann suchen wir ein Zeichen des Friedens.
Ich möchte Ihnen einen Rat geben: Wenn Sie in eine romanische oder gotische Kirche kommen, setzen Sie sich einmal ganz hinten in die letzte Bank, nahe der Mittelachse. Dann beginnen Sie bewusst zu atmen. Sie schauen die Arkaden an, die Bögen, die sich unter den Seitenwänden nach vorn bewegen. Die Bögen heben sich, erreichen ihren höchsten Punkt, senken sich, ruhen auf den Kapitellplatten. Tun Sie das ihnen nach. Sie atmen ein, atmen aus und lassen den Atem ruhen. Wie die Bögen ansteigen, atmen sie ein; wie sie fallen, atmen sie aus; wie sie ruhen, ruhen sie mit. Und wieder, wenn sie steigen, atmen Sie ein. Und das all die Bögen entlang vom ersten bis zum letzten, auf der anderen Seite wieder zurück und wieder nach vorn. Es schafft eine wunderbare Ruhe und ein tiefes Einvernehmen zwischen dem schweigenden Bauwerk und Ihnen selbst. Sie nehmen sich selbst mit auf den Weg der Bögen nach vorn und holen sich wieder zurück. Und das ist nun nicht nur Atmen, sondern schweigende Anbetung.

24 Im Allgemeinen ist das Gebet für uns ein Reden des Herzens oder des Mundes. Immer wird etwas gesagt. Immer muss etwas formuliert werden. Aber manchmal werden die gesprochenen Gebete deshalb so leer und formelhaft, weil eben das Beten immer in Worten bestehen muss. Ich habe im Lauf meines Lebens mehr und mehr gefunden, dass ich auch vor Gott sein kann, ohne zu reden.

25 Wenn ich glaube, dass Gott mein Wort hört, dann ist mein Wort im Grunde unnötig. Dann hört Gott auch, was ich denke, ohne es auszusprechen. Dann sieht Gott, was in mir ist, und nimmt mich an, wie ich, ohne Wort, vor ihm anwesend bin, mich vor ihm ausbreite, ohne mich oder irgendetwas in mir zu verbergen. Wenn Menschen um mich sind, die von mir Worte des Gebets brauchen, dann bete ich mit Worten. Mein eigenes Gebet aber wurde im Lauf meines Lebens immer leiser, bis es fast nur noch in meiner wortlosen Gegenwart vor Gott besteht, einem wortlosen Hören auf das, was Gott redet, und einem wortlosen Nachsprechen dessen, was Gott mir sagt.

26 Ich bin in Gott und weiß mich von allen Seiten umgeben und umfangen. Ich bin an einem Ort unendlicher Ruhe und Geborgenheit. Ich verlasse mich selbst und finde mich in Gott. Ich wende mich im schweigenden Gebet von mir selbst weg in die Unendlichkeit Gottes. Ich werde weit und groß.
Und ich wende mich aus meinem Weg in Gott hinein zurück zu mir selbst. Ich gehe in derselben Stille in mich selbst ein. Ich mache mich klein und suche das Wort, das in mir selbst ergeht, das Gott in mir selbst spricht. Und ich versinke dabei in Gott.

27 Schweigendes Gebet kann heißen: sich ausdehnen, weit werden an der Seele; alles einbeziehen, alle Menschen, alle Schicksale und Leiden dieser Erde, und alles vor Gott bringen, ohne alles im Einzelnen aufzuzählen. Und es kann heißen: sich einziehen, aufnehmen, horchen und empfangen. Wir können also groß und weit werden wie die Welt und klein bis auf den innersten Punkt unserer Seele, an dem wir Gott in uns selbst finden. Das Gebet kann ein Gebet des schweigenden Sich-Ausdehnens und des schweigenden Sich-Einziehens sein.

28 Im schweigenden Beten können wir erfahren, was ein Segen ist. Dass nämlich das Dasein leuchtet. Dass es strahlt. Dass es die starken Farben der Schönheit und der Sinnhaftigkeit trägt. Wer das einmal erfahren hat, der weiß, dass die Dankbarkeit im Grunde das einzig sinnvolle Gebet ist. Und dass die Freude am Dasein, die Freude an allem, was ist, aus der Dankbarkeit erwächst. Denn im Dank fügt sich das Dasein von seinen beiden Polen her. Von Gott, dem Geber der Erfahrung, und mir, dem Erfahrenden, her wird es ganz.

29 Es gibt nichts, das selbstverständlich wäre. Es kann lange Zeiten des Schweigens und Wartens geben, in denen uns keine Stimme findet, und Zeiten, in denen es sinnlos zu sein scheint, auf ein Wort von Gott zu hoffen. Die alten Meister reden darum von den »Wüstenzeiten«, die der Betende durchwandern muss, analog der Wüstenwanderung des Volkes Israel, die es durchstehen musste, ehe es das verheißene Land erreichte.

30 Schweigendes Anwesendsein im schweigenden Gebet führt Sie unversehens auch näher zu sich selbst. Aber nicht das ist das Wichtige, dass sie sich selbst finden, sondern dass Sie selbst so unwichtig werden, dass Sie vor Gott gegenwärtig sein können.
Im Gebet ohne Worte ruhen Sie im einfachen Bewusstsein: Gott ist. Er ist da. Sie denken nicht darüber nach, wer oder was er sei, sondern wurzeln ein in ihn als in Ihren festen Grund. Meister Eckart hat gesagt: »Genauso weit, wie wir in Gott sind, so weit sind wir im Frieden.«

31 Halten Sie Gott Ihr Ich hin und wünschen sich, er möge es berühren. Er möge es mit seiner Kraft füllen.

Halten Sie ihm Ihre flackernden Gedanken hin und wünschen sich, er selbst möge die Worte des schweigenden Gebets in Ihnen sprechen. Und so werden Sie selbst ein Ruhender in Gott; ein in Zeit und Vergänglichkeit nicht gefangener Mensch, der den Schritt in die Ewigkeit tut in tiefem Vertrauen.

Meister Eckart hat gesagt: »In unserem tiefsten Innern, da will Gott bei uns sein. Wenn er uns nur daheim findet und die Seele nicht ausgegangen ist mit den fünf Sinnen.«

SEPTEMBER

1 Über die »Gelassenheit« möchte ich mit Ihnen in diesem Monat ein wenig nachdenken. Denn ich meine, es müsse sich doch lohnen, etwas wie inneren Frieden, etwas wie Ausgewogenheit zu erreichen. Ich denke dabei an die kundigen alten Frauen und an die alten, weise gewordenen Männer, von denen die Märchen erzählen, aber auch an die unter uns heute Lebenden, die uns zeigen können, wie ein zur Ruhe gekommenes menschliches Dasein aussieht – als unscheinbare Zeitgenossen oder als öffentlich Wirkende, als Mitte ihrer Familie oder als Berater von Menschen. Ich denke an festen Stand, an innere Freiheit. Ich denke an ruhige Offenheit gegenüber jedem anderen Menschen. Und ich denke an einen weiten Raum des Herzens, in dem viel gelten darf und viel geliebt wird.

2 Wozu ist Gelassenheit gut? Die Bibel sagt es mit einem Wort aus dem Buch der Sprüche Salomos: »Ein gelassenes Herz ist Lebenskraft für den Leib« (Spr 14,30). Wenn sie »Leib« sagt, meint sie den ganzen Menschen. Sie meint: Ein gelassenes Herz macht den Geist kräftig und leistungsfähig, gibt der Seele Kraft zu tragen, was sie zu tragen hat. Und nicht zuletzt: Auch der Leib bleibt gesünder, bleibt länger schön und lebendig, wo das Herz »gelassen« ist.

Jesus deutet es an, wenn er sich eine Weile mit einem an Leib oder Seele kranken Menschen beschäftigt hat. Da sagt er, wenn er ihn wieder auf den Weg schickt: »Geh in Frieden!« Geh und mach dir keine Sorgen. Geh und lass dich nicht von deinem Weg abbringen. Geh und vertraue darauf, dass du geführt bist. So, im Frieden, seinen Weg gehen – das würde sich lohnen. Das müsste man erreichen.

3 Ich will ein wenig einschränken. Ungestörte Gelassenheit kann wohl eher ein Ziel sein für Ältere als für die Jungen. Ein junger Mensch muss sich stören lassen, er muss sich empören können, streiten, kämpfen, wenn er die Welt so übernehmen soll, wie die Alten sie ihm hinterlassen. Er muss sich herausfordern lassen durch das Unrecht oder den Unsinn und muss seine Kräfte einsetzen für das Bessere, das ihm vorschwebt. Gelassenheit kann seine Sache nicht sein.

Aber wer das Seine getan hat, wer lange genug sich bemüht hat zu verändern und zu bessern, was er antraf, wer sich lange genug empören ließ und aufschrie, der hat am Ende das Recht, in die Gelassenheit zu gehen.

4 Wer das Seine getan hat, der darf am Ende einverstanden sein mit dem, was ihm das Leben gebracht und was er selbst in sein Leben eingebracht hat. Er darf ein Ja finden auch zu sich selbst und zu seinem Zustand, in dem er sich am Ende aus der Hand geben wird. Ich weiß, das ist eine befremdliche Behauptung, gerade unter Christen. Aber ich weiß durchaus, was ich damit sage.

5 Du sagst: Ich bin natürlich kein Verbrecher. Nicht einmal ein Bösewicht. Aber mich stört meine Ungeduld. Mir geht nichts schnell genug, auch im Umgang mit Menschen. Mich ärgert, dass mich die Langweiligkeit um mich her noch stört. Ich höre, wie die Bibel sagt: »Wer geduldig ist, ist weise« (Spr 14,29), und träume davon, dass es anderswo Menschen gibt, die es gleichmäßig freundlich mit den Störungen und Defekten im Leben aushalten. Mich verstimmt, dass ich das nicht schaffe.

6 Mich befremdet auch, dass ich, wie einer gesagt hat, ein so »verschiedener Mensch« bin. Mal so – mal so. Eigentlich sollte ich ja aus einem Stück sein. Vielleicht würde mir vieles besser gelingen, wenn ich es wäre. Die Bibel sagt: »Gelassenheit wendet viel Unheil ab« (Pred 10,4). Bei mir könnte sie wirklich viel Unheil abwenden.

Mich stört auch, dass mich eine Schnake, die um meinen Kopf summt, aus der Ruhe bringt. Mich stört, dass ich mich ärgere, wenn einer seine Termine nicht einhält. Dass ich böse reagiere, wenn ich es eigentlich so böse gar nicht meine. Eigentlich müsste ich ein dankbarer Mensch sein, nachdem mir ein Leben lang so viel Schönes widerfahren ist. So viel Bewahrung. Überhaupt: Dankbar müsste ich sein für dieses kostbare, einmalige Leben. Aber ein Wort des Dankes geht selten von mir aus.

7 Wenn ich zurückschaue und an meine Erziehungskünste an unseren Kindern denke oder an meine Ehrlichkeit in unserer Ehe: Soll ich damit einverstanden sein?
Natürlich kann ich mich mit vielem abfinden: Mit einem schlechter werdenden Gedächtnis zum Beispiel. Mit der Müdigkeit meines Körpers. Mit den Krankheiten, mit denen ich leben muss. Mit dem Ergebnis meines Lebenswerks, an dem ja nichts mehr zu ändern ist. Die Bibel sagt: »Lass dir genügen, ob du viel hast oder wenig« (Sir 29,30). Lass dir genügen! Das wäre ja noch einmal etwas anderes als »Finde dich damit ab!« Wenn

ich das erreichte, dann läge darin keine Resignation, sondern eine dankbare Bejahung auch meiner selbst.

8 Mich hat durch lange Zeiten meines Lebens hin immer wieder ein Wort getröstet, das Johannes Tauler, der Mönch und Mystiker am Oberrhein (um 1300–1361), vor mehr als fünfhundert Jahren geschrieben hat:
»Das Pferd macht den Mist im Stall, und obgleich der Mist einen Unflat und Stank an sich hat, so zieht dasselbe Pferd doch den Mist mit großer Mühe auf das Feld, und daraus wächst sodann schöner Weizen und der edle, süße Wein, der niemals wüchse, wäre der Mist nicht da. Also trage deinen Mist – das sind deine Gebrechen, die du nicht abtun, ablegen noch überwinden kannst – mit Mühe und mit Fleiß auf den Acker des liebreichen Willens Gottes in rechter Gelassenheit deiner selbst. Es wächst ohne allen Zweifel in einer demütigen Gelassenheit köstliche, wohlschmeckende Frucht daraus.«

9 Das Wort »Gelassenheit« sagt, man solle etwas lassen. Man solle von etwas ablassen. Etwas hinter sich lassen. Oder man solle etwas unterlassen, das man auch tun könnte. Man könne sich selbst verlassen und sei dabei nicht verlassen. Oder: Es gebe etwas Verlässliches, auf das man sich verlassen könne.
Wenn ich zum Beispiel von einer Weisheit weiß, die in meinem Schicksal am Werk ist, dann kann ich von mir selbst weggehen, wie einer sein Haus verlässt. Und wenn ich mich selbst verlassen habe, dann stehe ich immer noch auf einem verlässlichen Grund. Auf diesem festen Boden finde ich die Gelassenheit, von der die Weisen rund um die Welt immer geredet haben. Sie meinten eine Art freundlicher Unabhängigkeit und Bescheidenheit.

Ich soll also loslassen, was die Menschen über mich reden. Sie kennen mich noch weniger, als ich mich kenne. Aber auch meine Urteile über sie, die mir so schnell einfallen. Liegen lassen soll ich, was ich nicht billigen kann. Daran vorbeigehen. Freundlich. Es muss nicht alles auf meiner Waage gewogen werden.

10 Ein Wortspiel: Man sagt uns Alten, wir sollen uns fügen. In eine Hausordnung, in unser Schicksal, das uns ins Abseits geführt, in den Willen anderer Menschen. In dem Wort »fügen« stecken Wörter wie Fug oder Unfug, Ungefügtheit, Verfügung, die Befugnis oder füglich. Es steckt darin etwas wie eine Fuge, die ein Tischler fräst, um zwei Platten zusammenzufügen, oder auch eine Fuge von Johann Sebastian Bach.

Wir sollen uns fügen, sagt man. Wenn ich mich aber selbst anschaue, dann empfinde ich, irgendetwas in mir sei nicht recht gefügt. Es stimme das eine nicht so recht zum anderen in mir. Was ich sage, passt nicht zu dem, was man mir anmerkt. Was ich bin, stimmt nicht zu dem, was man mir anmerkt. Was ich bin, stimmt nicht zu dem, was ich meine zu sein. Ich bin ungefügt.

11 Wenn ich mich füge, etwa in den Willen Gottes oder in mein Schicksal, dann erlebe ich, wie sich in mir etwas »fügt«. Wie die inneren Verspannungen nachlassen und etwas entstehen kann wie Gelassenheit. Der Psalm 131 schildert einen gelassenen Menschen:

>»Mein Herz, o Gott, will nicht Ansehen, nicht Macht.
>Ich schaue nicht nach Ruhm aus und nicht nach Reichtum.
>Ich gehe nicht mit großen Plänen um
>und nicht mit Träumen über große Dinge.
>Sie sind zu wunderbar für meinen Geist.

Ich taste dein Geheimnis nicht an.
Mein Herz ist still, und Frieden ist in meiner Seele.
Wie ein gestilltes Kind bin ich, das bei seiner Mutter schläft.
Wie ein gesättigtes Kind, so ist meine Seele still in mir.
Ich vertraue allein dir, heute und in Zukunft.«

12 Dag Hammarskjöld (1905-1961), der große politische Geist der Fünfzigerjahre, der als Generalsekretär der Vereinten Nationen bei einem noch immer unaufgeklärten Flugzeugabsturz über dem Kongo ums Leben kam, notierte an Pfingsten 1961 in seinem Tagebuch:

»Ich weiß nicht, wer – oder was – die Frage stellte. Ich weiß nicht, wann sie gestellt wurde. Ich weiß nicht, wann ich antwortete. Aber einmal antwortete ich *ja* zu jemandem – oder zu etwas.

Von dieser Stunde her rührt die Gewissheit, dass das Dasein sinnvoll ist und dass darum mein Leben, in Unterwerfung, ein Ziel hat. Seit dieser Stunde habe ich gewusst, was das heißt, ›nicht hinter sich zu schauen‹, nicht ›für den anderen Tag zu sorgen‹.

Ich bin durch das Labyrinth des Lebens geleitet worden durch den Ariadnefaden der Antwort. So habe ich eine Zeit und einen Ort erreicht, an dem ich wusste, dass mein Weg zu einem Triumph führt und zu einem Untergang, der Triumph ist. Dass der Preis für den Einsatz des Lebens Schmähung und dass die tiefste Erniedrigung jene Erlösung bedeutet, die dem Menschen zugesagt ist. Seitdem hat das Wort ›Mut‹ seinen Sinn verloren, da mir ja nichts genommen werden kann.«

13 Sören Kierkegaard, der dänische Theologe und Philosoph (1813-1855), hat vor etwa zweihundert Jahren gesagt:

»Wir begreifen es im Gewimmel der Menschen so schwer. Wenn wir es erkannt haben, vergessen wir es so leicht: Was es heißt, Mensch zu sein und zu tun, was Gott von uns erwartet. Möchten wir es doch von Lilie und Vogel lernen, und, wenn wir es vergessen haben, wieder lernen. Vielleicht nicht auf einmal und vollständig, so doch etwas davon und nach und nach. Denn das wäre von Vogel und Lilie zu lernen: Still sein. Einwilligen. Sich freuen.«

14 Ich soll mich nicht so wichtig nehmen, höre ich von Jesus. Er meint offenbar, wer sich selbst aus der Mitte seines Interesses herausnimmt, der gewinne jenen Überfluss an Kraft, den wir die Liebe nennen. So hat auch der islamische Mystiker Mansur al-Halladsch (858–922) gesagt: »Dieses mein Ich stellt sich zwischen dich und mich, / nimm, o Gott, in deiner Güte dieses Ich aus unserer Mitte.« Das gilt auch, wenn wir es auf die Menschen beziehen: Dieses mein Ich stellt sich zwischen die Menschen und mich. Nimm, o Gott, dieses Ich aus der Mitte zwischen ihnen und mir.
Wenn das gelingt, dann ist mein Leben gelungen und kann im Frieden zu Ende gelebt werden.
Du sagst: Das wäre schön, wenn es gelänge. Aber wenn ich mich anschaue, dann sehe ich: Es geht nicht. Ich komme mir manchmal vor wie zwischen Mauern. Kein freier Blick. Keine Aussicht, kein Weg ins Freie. Kein Weiterkommen. Und wenn ich an eine Tür komme, dann ist sie verschlossen. Es bleibt alles, wie es immer war. Nichts ändert sich, soviel ich mich auch bemühe. Soll ich mich damit abfinden?

15 Die Bibel sagt: Nichts muss bleiben. Mach einen Anfang. Zum Beispiel den einfachen Versuch: Gib deinen Augen eine andere Richtung. Verlege, was du über deinen gegenwärtigen Zustand denkst, hinüber in den Zustand,

der eigentlich mit dir gemeint ist. Verlege dein Interesse dorthin, wo etwas ganz Anderes, Neues, mit dir geschehen soll. Gib, was du in deinen Händen zu haben meinst, hinüber in andere Hände, die größer und sicherer sind als die deinen: in die Hände Gottes. Lass es dort liegen – deinen Zustand, deine Verzagtheit, deine Blockiertheit, deine Resignation. Und nimm, was dir die Hände Gottes dann geben.
Das geht. Lege dich selbst zu Ruhe, statt dich angestrengt zu behaupten. Lege dich weg. Leg alles, was in dir zerknittert ist, einigermaßen glatt auf die Seite. Alles selbst machen zu wollen, hat ab einem bestimmten Alter keinen wirklichen Sinn mehr.

16 Wenn du mich fragst, was denn das sei, das »Evangelium«, was es sage, so antworte ich dir: Das Evangelium sagt – sehr im Unterschied zu vielen anderen religiösen Traditionen – das einfache Wort: Alles ist gut.
Das Evangelium, wie Jesus es eröffnet, wie er es lebt, wie er es in seinem Handeln darstellt, sagt: Es bejaht dich einer. Nämlich Gott. Er sagt zu dir: Ich bejahe dich nicht, weil du so gut bist, so tüchtig oder so weise. Ich beurteile dich nicht nach dem, was du tust oder versäumst. Ich beurteile dich nach dem, was du bist.

17 Was du bist, das kann nur einer sehen, der dich liebt oder die dich liebt. Was ein Liebender oder eine Liebende in dir sieht, das ist dein wirklicher Wert. Du kannst darum nichts Besseres werden als ein geliebter Mensch.
Das sagt Jesus: Vertraue deinem Vater im Himmel. Vertraue dem Bild, das er von dir hat. Lass los, was du selbst siehst. Geh deinen Weg im Frieden. Auch im Frieden mit dir selbst. Geh deinen Weg, vertrauend und dankbar.

18 Als junger Mensch hatte ich mir vorgenommen, in meiner Kirche und in meiner Welt etwas zu bewegen. Als alter Mensch kann ich natürlich zurückfragen: Habe ich irgendetwas bewegt oder nicht? Aber diese Frage hat keinen Sinn. Niemand kann sehen, was durch ihn im Lauf des Lebens geschehen und geworden ist. Es wächst hinter unserem Rücken, und dort haben wir keine Augen. Ich darf meine Frage also liegen und auf sich beruhen lassen und meinen Weg weitergehen. Meine Zukunft, mein Ziel ist wichtiger.
Aus diesem ruhigen Vertrauen erwächst das, was wir Gelassenheit nennen: Sich nicht ängsten. Nichts erzwingen. Nichts verweigern. Freundlich bleiben.

19 Als ich vor Jahren in den schwedischen Wäldern unterwegs war, fiel mir auf, dass da ganze Täler, Hügel und Seeufer überzogen waren mit Moosen und Pilzen und Beeren und Flechten von unglaublicher Vielfalt. Ich habe mir diese kleine Welt oft und lange und bewundernd angeschaut. Diese kleinen Polster lassen sich nicht verwerten. Man kann sie zwar sammeln, wenn man will, aber man wird nicht viel mit ihnen anfangen können. Man kann sie nicht essen. Und die kleinen Beeren, die man essen könnte, lohnen die Zeit nicht, die man brauchte, um sie zu ernten. Es ist alles klein, nutzlos, unansehnlich. Es ist keineswegs großartig oder repräsentativ. Aber es ist schön. Es ist genau dies, was mit ihm gemeint ist. Und es hat sein eigenes Lebensrecht. Es ist alles irgendwann von irgendwem erdacht worden, gebildet und dazu angeregt, zu wachsen bis zu seiner kleinen vollkommenen Gestalt.

20 Wenn ich uns Menschen recht betrachte, dann sind auch wir nicht viel größer als die kleinen Randerscheinungen der Natur in den schwedischen Wäldern. Nicht viel wichtiger und nicht viel brauchbarer. Nur: Wir sind nicht in dem Maß wie sie vollkommen. Wir sind nicht das, was wir sein können und sein sollen. Unser Werk? Im guten Fall war es in sich recht und nützlich. Es muss nicht in den Geschichtsbüchern genannt werden. Man braucht es nicht in rühmendem Ton zu berichten. Es muss nicht groß und stolz sein wie ein Baum. Es braucht nicht von künstlerischem Rang und Glanz zu sein. Es genügt, wenn es auf seine Weise sinnvoll war. Es genügt, dass es so geschehen ist, wie es geschah. Am Ende höre ich Gott sagen: Lass dir genügen. Es ist gut. Ich nehme es an. Ich sage Ja auch zu dem, was in deinen eigenen menschlichen Augen nutzlos war.

21 Du hast irgendwann einmal gelernt, vielleicht als Kind: Wir Menschen würden »gerechtfertigt ohne der Gesetze Werke, allein durch den Glauben und allein aufgrund der Gnade Gottes«. Dieser in so viel christliche Fremdsprache verpackte Satz handelt immerhin von dem, was am Ende zählt. In schlichtem Deutsch nachgesprochen, sagt er: Es kommt nicht darauf an, wie du mit deinem Leben fertig geworden bist, nicht auf das, was du am Ende vorzeigen kannst.
Das Evangelium sagt vielmehr: Du bleibst bei all deiner Bemühung immer die oder der, die oder der du von Anfang an gewesen bist. Aber Gott wird dein Leben am Ende gutheißen, ganz unabhängig davon, was nach menschlichem Ermessen herauskam. Schon heute gibt er dir die Lebendigkeit und die Kraft, zu blühen und zu reifen.

22 Gott sagt: Du wirst geliebt, nicht weil du dies oder jenes getan hast, sondern weil du da bist. Nicht, weil du so liebenswert bist, sondern weil Gott dich liebt, dich, seine Tochter, seinen Sohn. Das ist es, was wir das »Evange-

lium« nennen. Es ist so einfach, dass man sich fast scheut, es als Sinn und Ziel des Menschenlebens in Worte zu fassen. Aber man kann es begreifen. Und dann ist alles gut.
Dann hast du die Hände und das Herz frei für das, was dir in deinem Leben zugemutet wird. Dann brauchst du, was das Evangelium von dir will, nicht als strenge, harte Forderung zu verstehen, sondern als Gelegenheit zu zeigen, was du empfangen hast. Denn Moral ist für einen Christen nie eine Forderung, sondern immer eine Gelegenheit zu leben, was die Liebe Gottes in uns bewirkt.

23 Wie sieht christliche Moral aus? Mit was für Gedanken in seinem Kopf soll das Pferd nun seinen Mist auf den »Acker des liebreichen Willens Gottes« hinausziehen (siehe 8. September)? Ein paar davon will ich nennen:
Halte wenig von aller Leistung, deiner eigenen vor allem. Lächle ein wenig über den Stolz, der nicht loslassen kann. Überschätze dich nicht. Sei dankbar für alles. So entgehst du der Bitterkeit.

24 Verzeihe, ohne Aufhebens davon zu machen. So gibst und gewinnst du immer mehr freien Raum. Tu immer weniger mit Gewalt und immer mehr mit Geduld. Löse dich aus allem Hass und freue dich an immer mehr mit. Fordere immer weniger und verweigere ebenso immer weniger. Halte gegen niemanden Vorwürfe fest. Klage niemand an wegen vergangener Dinge. Fordere von niemandem Dankbarkeit. Halte niemand für einen Gegner oder einen Feind. »Denke an das Ende und lass alle Feindschaft fahren«, sagt die Bibel (Sir 28,6). Beende allen Streit, ehe es Nacht wird. Die Zeit ist kurz. Zieh nichts Ungeordnetes durch die Tage.

25 Die Zeit ist kostbar. Wünsche von immer weniger, es möchte vorbei sein. Das Leben ist nicht später. Es ist jetzt. Wünsche von nichts, es möge zurückkommen. Es ist gewesen, und nur seine Spuren in deinem Herzen sind wichtig. Bewahre, was gewesen ist, und steh zu deinen Freunden. Steh zu allen, mit denen dein Leben dich verbunden hat. Geh deinen eigenen Weg und nimm nicht zum Maß, was man um dich her denkt. Es ist nicht der Weg der anderen, sondern dein eigener. Und vergiss nie, dass der Tag, der heute anbricht, ein Tag ist, den dir die Güte Gottes gegeben hat.

26 Wenn du dir dies oder Ähnliches vornimmst, wirst du bemerken, dass da auch eine sehr dunkle Frage auf dich zukommt; die will beantwortet sein:
Was ist mit dem Vielen, mit dem ständig Wiederkehrenden, dem Unvorhersehbaren, das nicht gut war? Was ist mit dem, was misslungen ist, missraten, missgetan, missgedacht, missgesagt? Was ist mit dem Beschämenden, das du gerne möglichst schnell vergessen möchtest? Vielleicht gar mit dem wirklich Dunklen, dem zerstörend Bösen? Es nützt ja nichts, diese Seite des Vergangenen – die ständig gegenwärtige – mit einer fröhlichen Miene zu überspielen und in die Vergangenheit abzuschieben. Was tun mit den langen Stunden, in denen wir daran herumdenken?

27 In der Sprache des Glaubens gibt es ein Wort, das wir dringend neu verstehen müssen: Es ist das Wort »Vergebung«. Was ist das? Wenn wir Christen von Vergebung reden, dann meinen wir nicht das Vergessen dessen, was gewesen ist. Wir meinen eine Heilung. Wir meinen: Die kranken und zerstörten Beziehungen zwischen den Menschen und vor allem auch zwischen Gott und uns können geheilt werden. Wir meinen, es gebe neue Anfänge, die die Liebe setzt.

Die Liebe Gottes zu uns. Die Liebe zwischen uns und den Menschen um uns her, wie Jesus Christus sie uns in seinem Leben und Sterben gezeigt hat.

28 Auch vom Gesamtergebnis eines langen Lebens wird gelten: Ganz am Ende wird ein neuer Anfang sein. Darauf verlasse dich. Und lasse im Vertrauen auf die Liebe Gottes alles zurück, was dich aus deiner Vergangenheit gefangen halten will. Dann hast du die Grundlage für die Gelassenheit, in der du dich selbst ansehen und in der du deinem weiteren Ziel entgegengehen kannst.
Das Evangelium sagt mir: Schau nicht nur deine Schwäche an, schau auf die Schönheit dessen, was Gott aus dir machen wird. Es gibt außer dem Zustand, in dem du dich jetzt siehst, auch ein Zielbild, und das ist wichtiger. Denn von ihm geht die Kraft aus, die du brauchst, wenn du an deinem heutigen Zustand etwas ändern willst. Hier, in diesem Zielbild, liegt das Recht und der Sinn der Gelassenheit, die ich dir wünsche und mit der du dein Leben bestehen kannst.

29 Benjamin Franklin, der amerikanische Politiker, Schriftsteller, Buchdrucker und Naturforscher (1709–1790), schrieb, als er den Text entwarf, der auf seinem Grabstein stehen sollte:
»Hier liegt der Leib B. Franklins, eines Buchdruckers, gleich dem Deckel eines alten Buches, aus welchem der Inhalt herausgenommen und das seiner Inschrift und Vergoldung beraubt ist – eine Speise für die Würmer. Doch wird das Werk selbst nicht verloren sein, sondern, wie er glaubt, einst erscheinen in einer neuen, schöneren Ausgabe, durchgesehen und verbessert vom Verfasser.«
Wenn dem so ist, dann darfst du dich in deiner Haut wohlfühlen, solange du sie um dich hast. Auch in deinem Wesen, das du

von deinen Eltern geerbt hast, in deinem Charakter mit seinen Schwächen und Zicken, und du brauchst sie nicht wichtiger zu nehmen, als sie sind. Sie sind dir nur für die Zeit dieses Lebens als Behausung zugewiesen. Und du weißt: Sie ist nicht die letzte. Der Umzug steht noch bevor.

30 Was sollen wir also tun? Wir schauen uns den neuen Menschen an, den Gott aus uns machen wird, und lassen uns von ihm bestimmen. Wir schauen uns das Bild des Menschen an, wie Jesus es uns zeigt, und orientieren uns an ihm. Vor allem: Wir sehen, wie Gott uns in Jesus sein eigenes Bild, nämlich das des liebenden Gottes, vor die Seele stellt, und vertrauen uns ihm an. Und so leben wir im Frieden und wissen:

> Es läuft eine Linie durch unsere Jahre,
> gezogen von einer sicheren Hand.
> Nichts geschieht »einfach so«.
> Was um uns her geschieht, redet uns an.
> Was wir erfahren, will uns ändern.
> Was uns begegnet, ist ein Geschenk.
> Alle Wahrheit, die wir verstehen,
> alle Lebenskraft hat uns einer zugedacht.
> Was uns zufällt, was wir Zufall nennen,
> fällt uns aus einer gütigen Hand zu.
> Was uns schwer aufliegt, ist uns auferlegt
> von einer Hand, die weiß, was sie tut.
>
> Sind wir also noch wichtig?
> Für Gott sind wir es.
> Wir können uns aus der Hand legen.
> Er wird uns halten und bewahren
> in Zeit und Ewigkeit.

OKTOBER

1 Wir feiern keinen Gottesdienst, an dessen Ende nicht ein Segen gesprochen wird. Ein altes, vielleicht uraltes Wort, das seine segnende Wirkung an uns tun soll und will. Aber wissen wir, was das ist, ein Segen?
Am Uranfang der Geschichte des biblischen Volkes, als Gott Abraham, den Urvater Israels, aus seiner Familie und seiner Stadt herausrief auf seinen einsamen Weg, lesen wir von einem Wort Gottes an ihn: »Ich will dich segnen, und du sollst ein Segen sein« (Gen 12,1-3).

2 Was heißt das: segnen? Und was heißt das: ein Segen sein? – Nehmen wir an: Ein Acker ist trocken. Es liegt Saat in ihm, aber es ist trocken. So wächst nichts. Nun setzt Regen ein, die Saat geht auf und wächst. Der Regen segnet, das heißt: Er hilft, dass etwas aufgeht, dass etwas wächst, dass etwas gedeiht. Wenn Gott seinen Segen über uns ausspricht, dann wächst etwas in uns, es gedeiht etwas, es reift Frucht. Es wächst aus Arbeit und Leid, aus Fröhlichkeit und Stille die Frucht für dieses Leben und für die Ewigkeit. Der Same springt auf und wird frei, und aus einer Erde, aus der scheinbar nichts zu erwarten war, wächst Vertrauen, wächst Dankbarkeit.

3 Wenn Segen über einem Leben waltet, hat es Sinn. Es gedeiht. Es wächst. Es wirkt lösend, fördernd, befreiend auf andere. Versuche glücken, Werke gelingen. Die Mühe zehrt das Leben nicht aus, sie ist sinnvoll und bringt ihre Frucht. Am Ende steht nicht die Resignation, sondern eine Ernte. Ein alternder Mensch, dessen Leben gesegnet ist, geht nicht zugrunde, er reift vielmehr, wird klarer und freier und stirbt am Ende »lebenssatt«, wie einer von einer guten Mahlzeit aufsteht.

4 Segen ist ein Geschehen, nahe verwandt dem, was wir »Gnade« nennen. Denn man kann Segen nicht machen, man kann ihn nur empfangen und vielleicht auch weitergeben. Aber er entzieht sich aller Planung. Er kommt oder er kommt nicht, wie der Regen über ein Feld kommt oder nicht kommt. Ob ein Mensch dem begegnet, den er lieben kann, das kann er nicht machen. Es ist Gnade. Und sein Leben wird gesegnet. Alles Begegnen ist Gnade, alles Finden und Zusammenbleiben, alle Bewahrung von Gefahr und Unheil, aller Friede ist Gnade.

5 Ob ein Mensch zu seiner eigenen, eigentlichen Gestalt heranreifen darf, das kann er nicht machen. Er darf es aber dankbar empfangen, wenn es ihm widerfährt. Ob sein Werk gelingt, ob er bewahrt bleibt vor schwerer Verschuldung, das ist Gnade. Und es ist Gnade, wenn die Kräfte des Wachstums, der Lebendigkeit, der schöpferischen Vitalität erwachen. Es ist Zeichen eines Segens, der sozusagen von oben kommt und nicht gewollt und nicht gemacht werden kann. Und Gnade ist es, wenn Menschen einander einen solchen Segen weiterreichen dürfen, etwa wenn der eine zum anderen sagt: »Es segne und behüte dich Gott, der Allmächtige und Barmherzige, Vater, Sohn und Heiliger Geist.«

6 Alle Gestalten des Segens sprechen von einem Zusammenhang zwischen Gott und Seele und Leib, zwischen Gott und Welt, Sichtbarem und Unsichtbarem. Immer hat der Segen es zu tun mit der Einwirkung einer geistigen Kraft auf leibliches, sichtbares, konkretes Leben. Immer erfüllt er sinnhaftes, irdisches Leben mit einem Sinn, der anderswo herkommt. Immer bindet der Segen die Materie an den Geist, den Leib an die Seele, die Sinne an den Willen und an die Klarheit dessen, der diese Welt geschaffen hat und durchwirkt.
Wenn uns heute der Gedanke fremd geworden ist, unser Leben könne gesegnet sein oder wir könnten anderen Menschen mit einem Segen beistehen, dann mag das seine Ursache haben in der seltsamen Entfremdung, in der für uns das leibliche, erdhafte Leben von der Welt unseres Glaubens steht. In der seltsamen Spaltung zwischen Gott und der Erde.

7 Unser Glauben hat so wenig zu tun mit den Sinnen, mit denen wir die Erde und das elementare Leben wahrnehmen, und mit den Kräften, mit denen wir uns auf dieser Erde durchsetzen. Politik hat nichts mit dem Glauben zu tun, Wirtschaft nicht, Kunst nicht, Urlaub und Freizeit nicht, und alles, was mit den Erfahrungen unserer Sinne zu tun hat, erst recht nicht. Segen aber bewirkt, dass dies alles zu einem ganzen, vollen und runden Dasein zusammenschmilzt und so seine gemeinsame Lebensgestaltung findet.
Und doch ist es gar nicht so schwer zu verstehen. Wenn ich eine Pflanze begieße, segne ich sie, das heißt, ich verhelfe ihr zu Gedeihen und Wachstum. Wenn ich einen Menschen liebe, segne ich ihn, verhelfe ihm an Leib und Seele und Geist zu seiner eigentlichen Gestalt.

8 Vielleicht sollten wir einmal darauf achten, wie sinnenhaft es zugeht, wenn Jesus über die spricht, die er selig nennt, oder über die, die sich seinem Wort zuwenden. Wenn ich Jesus zuhöre, bin ich der Erde sehr nahe. Dann höre ich ihn von einem Acker reden, von einer Quelle, von Bäumen und Blumen, von Sturm und Unwetter, vom Abendrot oder vom Licht oder vom Feuer, von Brot und Wein, von den Fischen im See, den Schafherden in der Steppe und von den Menschen auf den staubigen Straßen seiner Heimat. Er hat wohl selten aus einem Buch vorgelesen. Offenbar ging er davon aus, dass Himmel und Erde einander näher seien, als wir meinen, dass dort wie hier die gleichen Kräfte und Gesetze am Werk seien, in der sichtbaren wie in der unsichtbaren Welt.

9 Jesus wollte mit allen seinen Reden sagen: Wenn du das Unsichtbare begreifen willst, dann tu die Augen auf und die Ohren. Nimm wahr, was nahe bei dir, hier auf dieser Erde geschieht. Er hat nie eine Religion vertreten, die im Kult allein stattfindet oder in den Gedanken allein, nie eine Religion, die keine Erdberührung hat und an dieser Erde nichts bewirkt.
Ich glaube nicht, dass er von denen verstanden werden kann, die ihren Empfindungen misstrauen, ihre Erfahrungen verdrängen oder ihre Sinne in ihre Gedanken einzäunen und sich, wenn es um ihren Glauben und um den Sinn ihres Daseins geht, allein auf ihren angeblich so klaren Kopf verlassen möchten.

10 Ist es nicht ein Elend, wie wenig wir mit unseren fünf Sinnen anfangen können, gerade wir Christen, mit den Sinnen, die uns Gott gegeben hat? »Wer Ohren hat, höre«, sagt Jesus. »Sehe!«, sagt er. »Schmecket und sehet, wie freundlich der Herr ist«, sagt der Psalm. Vom »Duft der Erkenntnis Gottes« spricht Paulus. Und Johannes bekennt: »Wir haben das Wort des Lebens mit unseren Ohren gehört, mit unseren Augen gesehen, mit unseren Händen betastet.«

Sie lebten in ihren fünf Sinnen. Ach, was sage ich – fünf Sinne! Ich habe mindestens ein Dutzend.

11 Ich fühle die Wärme der Sonne oder des Feuers. Ich empfinde das Gewicht, mit dem ich auf meinen Füßen stehe. Ich fühle, ob ich im Gleichgewicht bin gegenüber den Kräften der Erde. Ich weiß, was Raum ist und was Größe oder Kleinheit, und unterscheide, was rasch vorbeigeht und was langsam lebt. Ich messe Stunden und Augenblicke, Tage und Nächte. Ich empfinde Schmerz, wenn ich mich verletze. Ich fühle Müdigkeit und lege mich schlafen. Und hat nicht die Liebe ihren eigenen wunderbaren Weg zur Ekstase, ihren eigenen »Sinn«? Ich atme und fühle den Raum in mir selbst. Ich spreche und forme Laute, Töne, Worte hinaus in den offenen Raum draußen. Ich sehe, was auf mich zukommt, und ängstige mich. Ich sehe, was anderen widerfährt, und empfinde die Gefahr. Oder ich ahne: Morgen geschieht ein Unheil. Ich berühre die Hand oder die Haut eines anderen Menschen und weiß: Ich kann vertrauen.

12 Wo sind denn alle diese Sinne geblieben in unserer armen, modernen Welt? Ist es ein Wunder, dass uns der Mut verlassen hat, vom Sinn unseres Lebens – es ist ja nicht von ungefähr dasselbe Wort – Großes zu erwarten? Da uns doch die Wege dahin verstellt sind, die vielen Sinne, die reden, zeigen, deuten, führen wollen? Da wir doch den inneren Ton in uns selbst und den äußeren um uns her in den Geschöpfen Gottes nicht mehr vernehmen? Ist es ein Wunder, wenn wir hilflos stehen vor den Aufgaben, die unsere Zeit uns stellt, da doch die Instrumente, mit denen wir sie erkennen und erfüllen sollen, nicht taugen?

13 Gott hat uns in den Sinnen geschaffen, in einem unendlich feinen Netzwerk von Fühlen und Empfinden, von Denken, von Wissen und Erinnern, Aufnehmen und Antworten, von Sein und Werden, von Störung und Heilung, von Freude und Weinen, Liebe und Neugier, Spiel und Kampf und allen Instrumenten, die wir brauchen. Und wir tun so, als besäßen wir nichts als den kleinen, sehr kleinen Verstand, mit dem wir die Geheimnisse des Daseins nachrechnen möchten wie das kleine Einmaleins. Am Ende betrachten wir es noch als Erweis unseres Glaubens, wenn wir auf dieser Erde umherlaufen, als wären wir heimatlos unter den Geschöpfen Gottes. Und es ist uns doch so viel zugedacht!

14 Alles, was wahr ist, spiegelt sich in den Bildern, die die Erde hat. Alles, was wir begreifen sollen, müssen wir greifen, wie man eine Handvoll Erde aufnimmt oder ein Werkzeug fasst, einen Stein in der Hand hat oder ein Stück Eis in ihr schmelzen lässt, ein Brot bricht oder die Hand eines Menschen wärmt. Was wahr ist, muss sich öffnen wie ein Fenster, das einen Blick freigibt auf ein weites Land, oder wie eine Tür, durch die man tritt. Darum redet die Bibel von dem, was wir nicht sehen, immer in Bild und Gleichnis. Sie redet von Gottes Geist und erinnert uns an das, was wir von Wind, Sturm oder Feuer wissen. Sie redet von Gottes Reich, als wachse es wie ein Weizenfeld aus der Erde.

15 Die erdnahen und erdhaften Bilder sind das Ende der Wege, die Gott mit unserem Nachdenken geht. Es sind die Bilder, die wir im Geviert unseres irdischen Lebens erwandern können. Unsere Voreltern sprachen von vier Elementen, von Erde, Wasser, Luft und Feuer. Indem sie dem Geheimnis dieser Elemente mit allen Sinnen, mit Ahnung und Phantasie nachgingen, fanden sie tiefere Wahrheiten, als wir heute finden, wo wir der Wahrheit unseres Daseins auf die Spur kommen sollen.

16 Die Nähe zu allem, was wachsen und gedeihen und blühen und Frucht bringen will, müssen wir erfahren haben, wenn uns das Wort »Segen« etwas sagen soll. Wir sind Wesen dieser Erde, und wer die Erde verstehen will, der wird seine Lebendigkeit mehr einbringen müssen als seine Kenntnis. Wer der Welt gegenübersteht, wird sie nicht begreifen. Er ist ein Teil von ihr, und sein Wesen ist eins mit dem Wesen aller Dinge. Und sein Herz muss so groß sein, dass es Raum hat für das Geheimnis, das in allen Dingen ist.

17 Aus dem Anfang heraus, in dem Gott sprach, lebt die Schöpfung. Nach ihrem eigenen Rhythmus, aus der ihr eingestifteten Kraft aus Gott. Aus der ihr gegebenen Fruchtbarkeit, in der Lebendigkeit von Schlaf und Erwachen, von Zerstörung und Wiederentstehung, sensibler, als je ein Mensch wird begreifen können. Aber eben diesen Menschen setzt Gott, sagt die Bibel, in den Garten mit dem Auftrag, ihn zu bebauen und zu bewahren. Als einen Gärtner und Heger: damit unter den Geschöpfen ein Auge sei und ein Herz für die Schwestern und Brüder, die eines Auges und eines Herzens bedürfen.

18 In der von Gott gestifteten Schöpfung soll unser Leben gesegnet sein. Das heißt, es soll teilhaben an dem leiblichen, seelischen und geistigen Wachstum, das das Leben der Schöpfung in seiner großen Bewegung hält. Wir sind ja selbst Erde. Wir sind selbst, was wir sehen, was wir hören, schmecken und riechen. Wir durchwandern uns selbst, wenn wir über die Erde hingehen. Und wie auf ihr soll in uns etwas wachsen, aufgehen, blühen und reifen. Es liegt viel in dem tiefsinnigen Gleichnis, in dem Jesus das Himmelreich mit dem Bild eines Ackers verbindet. Denn offenbar wirken dieselben Kräfte und Gesetze im Acker wie im Himmelreich.

19 Wir sollen mit den Gleichnissen leben, die Jesus uns erzählt. Wenn er etwa sagt: Das Himmelreich ist gleich einem Acker. Oder gleich einem Schatz, in einem Acker verborgen. Es ist wie ein Samenkorn, das aufgeht und zu einem Baum wird. Es ist wie ein Getreidefeld, das seinen Ertrag bringt. »Das bin ich!«, sagt Jesus zu seinen Freunden und deutet auf einen Weinstock. Der steht da, in die Erde eingewurzelt, verwachsen mit dem übrigen Wurzelwerk, in Reben sich verzweigend, behangen mit seinen Trauben.
»Mein Vater«, sagt er, »ist der Bauer.« Das heißt wörtlich: der an der Erde arbeitet. Der Weinstock wächst aus der Erde, und Gott arbeitet an ihm. Und ihr, so wendet Jesus sich an seine Zuhörer, seid die Reben, die letzten Zweige, an denen die Frucht wächst: der Ertrag der Arbeit, die Gott an dieser Erde tut. Ihr sollt durchlässig sein für den Saft, der die Frucht hervortreibt. Ihr sollt den Weinstock, an dem ihr lebt, nicht hindern und seine Kraft an die Frucht weiterreichen.
»Mein Vater ist der Bauer.« Darin liegt keine Sehnsucht nach Vergeistigung oder Entweltlichung des Glaubens, sondern ein starkes, gesundes, kräftiges Lebensgefühl. Ein Zutrauen zu der Kraft, aus der man lebt. Ein Zutrauen, dass aus der Mühe des Tages Frucht wächst und dass diese Frucht von Gott gewirkt ist. Dass es also gut ist, den Tag und seine Mühsal anzunehmen.

20 An drei Stellen ist im Evangelium die Rede von einem Segen, den Jesus gesprochen habe. Und überall bleiben wir voll und ganz in der erdhaften Gleichnissprache und in den Bildern von Wachstum und Fruchtbarkeit, die in ihr gemalt werden.

Wir lesen da: »Man brachte Kinder zu Jesus, damit er sie berühre, aber die Jünger trieben die Leute mit den Kindern weg. Als Jesus das sah, wurde er unwillig: Lasst die Kinder zu mir! Hindert sie nicht! Das Reich Gottes ist denen bestimmt, die sind wie diese Kinder. Und er herzte sie, legte ihnen die Hände auf und segnete sie« (Mk 10,13–16).
Wenn Jesus Kinder segnet, dann sagt er damit: Gott lasse euch wachsen und gedeihen. Er gebe euch Glück. Er mache eure Hoffnungen wahr. Er gebe euch Frieden. Er gebe euch das Wohl des Leibes und das Heil der Seele. Er mache euch zu reifen, erwachsenen Menschen, zu Söhnen und Töchtern Gottes, denen der Sinn und Wert ihres Lebens gewiss ist.

21 Ein zweiter Segen von Jesus ist berichtet: An dem Abend, als er mit den Seinen in einem Haus in Jerusalem Passah feierte, segnete er den Becher Wein, wie jeder Hausvater in jener Stunde es tat. Der Wein ist ein Zeichen des Festes. Dazu aber reichte und segnete Jesus das Brot. »Brot« – das ist seit Urzeiten ein Symbol für die Mühsal, mit der der Mensch sich seine Nahrung aus der Erde holt, aus jener Erde, von der er selbst genommen ist und zu der er am Ende zurückkehrt. Dieses Zeichen der Mühe, des Leidens und des Todes segnete Jesus zugleich mit dem Wein des Festes, und er gab die Deutung dazu: »Das Weizenkorn kann nur Frucht bringen, wenn es zuvor in die Erde fällt und stirbt« (Joh 12,24).

22 Jesus segnet das Opfer, die Hingabe, die Rätsel und die Schmerzen, damit Frucht aus ihnen erwächst. Er segnet sie, damit der Fluch sich wandelt in Gelingen. Denn das Leben findet, sagt er, nicht, wer es an sich reißt, sondern wer es hingibt. Er gibt damit seinem eigenen Tod die Deutung und spricht dem, der an seinem Tisch sitzt, die »Gnade«

Gottes zu. Gnade hat ja mit der Last zu tun, die ein Mensch sich selbst ist. Sie hat mit seinem Verschulden zu tun, mit dem er sich selbst und andere verletzt, und mit dem Gesetz, dass alle Schuld Folgen hat. Die Gnade bewahrt davor, dass eine Tat auf den Täter zurückfällt. Sie hebt den Schuldspruch auf, den ein Mensch über sich selbst fällen müsste, sähe er sich mit den Augen Gottes. Die Gnade ist eins mit dem Segen. Die Gnade beseitigt das Hindernis des Gedeihens, der Segen schafft das Gedeihen selbst.

23 In den Berichten über die Begegnungen der Jünger mit Jesus nach seinem Tode ist von einem dritten Segen die Rede: »Er führte sie hinaus nach Bethanien, hob die Hände und segnete sie. Segnend schied er von ihnen und fuhr auf zum Himmel. Sie aber kehrten nach Jerusalem zurück, von Freude erfüllt, und waren von da an ständig im Tempel, Gott rühmend« (Lk 24,50–53).
Der Segen von Bethanien war die Übergabe eines Auftrags und ein Akt der Befähigung. Die Jünger übernehmen in jener Stunde Jesu eigenes Amt: »Gott hat mich gesandt«, so beschreibt er es, »den Armen zu sagen, dass Gott sie liebt, die verwundeten Herzen zu verbinden, den Gefangenen die Freiheit zu bringen und den Blinden das Licht, die Misshandelten zu erlösen und auszurufen: Dies will Gott!« (Lk 4,18) Dieser letzte Segen war Abschied und war Einsetzung in ein Amt zugleich, das Amt, das aus den Armen reiche Menschen schaffen soll, aus Kranken Gesunde, aus Blinden Sehende, aus Misshandelten Glückliche.

24 Wenn Jesus die Kinder segnet, dann umarmt er sie und legt ihnen die Hände auf: eine Geste der Liebe und des Zutrauens in ihre kleine Kraft. Und wenn wir seinen Segen weitergeben wollen, so nehmen wir unser Kind in den Arm und sprechen oder denken: Gott segne dich, mein Kind.

25 Mit dem Segen für unser Kind sagen wir nicht nur etwas Schönes, sondern auch etwas Wichtiges für unsere Beziehung zu ihm. Wichtig ist nicht, was ich über dich denke, über deine Zukunft, über deine Begabungen, darüber, was du werden sollst und wie dein Leben sich abspielen soll. Meine Gedanken und Pläne sind unwichtig. Wichtig allein ist, was Gott in dich hineingelegt hat. Meine Aufgabe kann nur sein, dich so zu schützen, dass unter dem Segen Gottes aufgehen kann, was in dir liegt. Meine Gedanken können nur der Sonnenschein und der Regen sein, die dir den Segen Gottes bringen.

26 Wenn mein Kind heranwächst, ist wieder nicht wichtig, was andere Leute von ihm erwarten oder was ich mir unter seinem Wesen und Leben vorstelle, sondern allein, dass der Keim, den Gott in seinen Geist und sein Herz gelegt hat, aufgeht und das Kind bei seinem Eigensten bleibt.

Und wenn wir alt werden, dann ist wiederum nicht wichtig, ob wir unsere Pläne verwirklicht und unsere Ziele erreicht haben, ob die Leistung unseres Lebens sich sehen lassen kann oder nicht, sondern nur, ob der neue Mensch, der im Laufe unseres Lebens in uns wachsen sollte, seine Gestalt erreicht hat. Jener neue Mensch, der immer mehr Christusähnlichkeit gewinnen soll. Dabei ist wieder nicht wichtig, ob wir selbst diesen neuen Menschen wahrnehmen, sondern nur, ob er für Gottes Augen sichtbar geworden ist, für Gott, der ihn hat entstehen lassen.

27 Wissen wir etwas vom Segen Gottes, dann sind wir unseren Kindern gegenüber von größerer Gelassenheit, und wir sind von großer Gelassenheit auch dem Ertrag unseres eigenen Lebens gegenüber. Wir sind es nicht, die ihn hervorbringen mussten, und wir sind es nicht, die beurteilen können, was denn letzten Endes herauskam. Wir nehmen das Dasein unseres Kindes aus der Hand Gottes und übergeben den Ertrag unseres eigenen Lebens in seine Hand zurück und wissen: Was wert sein wird, zu bleiben, das muss im einen und im anderen Fall immer Gott selbst bewirken. Der Segen Gottes.

28 Wir Menschen pflegen immer und immer wieder mit großer Hartnäckigkeit die aussichtslose Frage zu stellen, was denn der Sinn unseres Lebens sei. Jahre unserer Jugend pflegen wir mit dieser Frage zuzubringen, solange, bis die meisten unter uns die Frage fallen lassen, weil es eine Antwort ja doch nicht gibt. In der Tat, könnten wir den Sinn unseres Lebens beschreiben, so müssten wir den Überblick haben über das Dasein überhaupt. Wir müssten an der Stelle Gottes sitzen und das Ganze überschauen und könnten dann sagen: Der Sinn dieses oder jenes Daseins im Zusammenspiel des Ganzen ist dieser oder jener. Die Frage nach dem Sinn unseres Daseins mag unausweichlich sein, aber sie ist dazu verurteilt, ohne Antwort zu bleiben.

An der Stelle aber, an der man allgemein vom »Sinn des Lebens« redet, sprechen wir Christen vom Segen Gottes, jener formenden und fruchtschaffenden Kraft, die allein jene Zielgestalt eines Daseins zu bewirken vermag, die wir meinen, wenn wir vom Sinn sprechen.

29 Den zweiten Segen spricht Jesus über den Elementen des heiligen Mahles. Und Paulus erinnert an die Szene mit dem Wort: »Der gesegnete Kelch, den wir segnen, ist er nicht die Gemeinschaft mit dem Blut des Christus?«

Jesus setzt also das gesegnete Korn des Brotes zum Zeichen des lebendigen Brotes, das aus dem Opfergang des Korns entstehen soll, und den Weinstock zum Zeichen des lebendigen Weins, aus dem die Freude des ewigen Festes kommt.

30 Indem Jesus das Brot und den Wein reicht, verwandelt er die natürlichen irdischen Elemente in ein Mysterium. Aus gewöhnlicher Nahrung wird ein Bild der Erlösung, ein Bild für Leben, für Fest, für Gemeinschaft, für Geborgenheit, für die Zuverlässigkeit des Gastgebers. Aus einer gewöhnlichen Versammlung von Gästen wird das Volk Gottes. Und die Gemeinschaft dieses Volkes Gottes wird verglichen mit einer Braut, also jenem glücklichen, anfangenden Menschen, der in der Hoffnung lebt auf das Kind, auf Wachstum und Fruchtbringen, und der aus dem Segen sein Leben hat. Die Eucharistie aber, die gesegneten Elemente des heiligen Mahls, wird zu Speise und Trank für das neu entstehende Leben.

31 Wenn Jesus die Jünger zum Abschied segnet, dann hebt er die Hände auf mit der Geste des Empfangens und des Weitergebens, damit die Jünger das, was sie empfangen haben, weitergeben wie er selbst. Der Keim des Gottesreiches soll in die Erde gesenkt werden, nicht nur ins Herz der Menschen, sondern in die Geschichte dieser Erde überhaupt. Wir aber, sagt Jesus, sollen unsererseits segnen, und zwar nicht nur die Menschen, die wir lieben, sondern ausgerechnet auch die, die uns fluchen, die uns also das Absterben und den Tod wünschen. Ihr könnt einen Fluch, meint Jesus, nur dadurch unwirksam machen, dass ihr einen Segen dagegenstellt. Segnet eure Feinde, wünscht ihnen Gedeihen und Wachstum, nur so könnt ihr die Feindschaft beenden und das gemeinsame Leben begründen.

NOVEMBER

1 Am Ende der Geschichte von der Sintflut und von der Rettung Noahs (Gen 6–9) steht der Regenbogen als Zeichen des Bundes Gottes mit der Menschheit, und es steht der Segen, den Gott den Menschen auf ihren weiteren Weg mitgibt.

Was ist Segen? Wir sagen: Es regnet, Gott segnet. Das heißt: Gott lässt etwas wachsen, gedeihen, blühen, reifen. Gott lässt Frucht wachsen auf dem Feld oder Frucht im Dasein eines Menschen. Wo Segen waltet, da glückt etwas, da wird ein Leben sinnvoll, da gedeiht ein Werk, da entsteht Lebendigkeit des Herzens und des Geistes. Segen bewirkt, dass trotz allem Unheil das Leben weitergeht. Dass in einer Welt des Unrechts irgendwo Recht gedeiht, dass in einer Welt der Gewalt die Zartheit des Herzens Raum behält. Dass das Verletzliche bewahrt und die Angst überwunden wird. Segen ist die heimliche Kraft, aus der Leben erwächst trotz allen Leides und trotz allen Todes. Die Geschichte von der großen Flut endet mit der Verheißung, es werde ein sinnvolles Menschenleben auf dieser Erde möglich sein, auch in Zukunft. Dass unser Dasein gesegnet sei, trotz allen Misslingens und Versagens und trotz aller bleibenden Rätsel.

2 Es liegt im Wesen des Segens, dass er dort eingreift, wo er am dringendsten gebraucht wird, als Regen gleichsam. Dort, wo das Lebendige ohne ihn vertrocknen würde. Als Trost für Menschen, die niedergetreten sind, ausgedörrt, die nicht wachsen können, keine Frucht tragen.
Es ist nicht zufällig, dass das Wort »segnen« vom lateinischen »signare« kommt, »mit einem Zeichen versehen«. Gemeint ist durch die ganze christliche Geschichte hin das Zeichen des Kreuzes. Gezeichnet wird eine Stirn. Gezeichnet wird eine versammelte Gemeinde mit dem Zeichen des Kreuzes. Gezeichnet wird der Tote, den wir dem Grab anheimgeben. Gezeichnet wird der Raum, in dem der Gottesdienst stattfindet, mit dem Zeichen des Kreuzes an der Chorwand oder über dem Altar. Gezeichnet werden Wege und Wegkreuzungen.

3 Der Segen im christlichen Sinn bezeichnet die Gegenwart des leidenden und sterbenden Christus im Leid von Menschen, denn der sterbende Christus ist ja nach seinen eigenen Worten das Weizenkorn, das in die Erde fallen muss, damit Auferstehung sich ereignen kann. Der Segen bezeichnet im Kreuz die Auferstehung aus der Angst und dem Leid und der Schuld, in denen der Mensch seinen Tod stirbt.

4 Wenn Christus der Segnende ist, dann liegt darin nicht eine christliche Abwandlung der uralten und weltweiten Rituale von Herbstfluch und Frühlingssegen. Denn er kommt nicht aus dem Jahrmillionen währenden Kreislauf der Natur. Er kommt nicht aus dem kreatürlichen Zusammenhang, sondern aus der Liebe Gottes, die an kein Ritual, keinen Zauberspruch, keine Tag- oder Nachtzeiten gebunden ist, die nur ihre eigene Herkunft hat und nur sich selbst als Gesetz. Sie hängt daran, dass diesem Christus, in dem die Liebe Gottes sich ihre sichtbare Gestalt geschaffen hat, alle Macht gegeben ist im Himmel und auf Erden, oder daran, wie ich dasselbe lieber sage: dass er das verborgene, liebende Herz dieser Welt ist.

5 Segen heißt Kraft des Wachsens und Fruchtbringens in einem umfassenderen und weiterreichenden Sinn, als sie im Kreislauf des natürlichen Lebens wirksam ist. Diese reicht in die andere Wirklichkeit, die Auferstehung, hinüber und ist das Geheimnis jener Frucht, die aus einem irdischen Menschenleben bleibt, wenn diese Welt und ihre natürlichen Gesetze längst nicht mehr sein werden. Das wiederum bedeutet, dass der Mensch, der diese Welt für eigenständig hält und sich selbst für autonom, auf eben diesen Segen verzichtet.

6 Segen empfangen heißt, auf Autonomie verzichten, um lebendig zu sein. Der autonome Mensch, wie die Neuzeit ihn hervorgebracht hat, mag tüchtig sein und erfolgreich. Er wird sich abdichten gegenüber eben den Kräften des Daseins, die ihn letztlich lebendig und todüberlegen machen könnten. Er wird letztlich seine Offenheit aufgeben, seine Blüte, sein Wachstum. Er wird sich in seiner Autonomie verhärten und wird versteinern.

7 Es mag sein, dass ein Mensch, der sich als autonom versteht, grandiose Dinge erfindet, dass er sich eine ganz neue Welt aufbaut und doch mit all seinem Schaffen und Wirken und Nachdenken und Produzieren am Ende den Tod über die Erde führt. Ihn kann ja nicht berühren, was über seine Autonomie hinausführt. Ihn kann es nicht berühren, wenn Pflanzen und Tiere absterben. Er wird nicht anders können, als Wachstum und Aufblähung zu verwechseln, und ich fürchte sehr, dass das, was man heute wirtschaftliches Wachstum nennt, in Wahrheit Aufblähung ist und bereits ein Vorbote des Ausdorrens und des Todes dieser Erde.

8 Die alten Meditationsanleitungen der Christenheit sprechen immer wieder von einem bestimmten Wort, das in diesem Zusammenhang von grundlegender Bedeutung ist. Sie sprechen davon, es gelte, als erstes und als Voraussetzung für alles heilvolle Geschehen, »gegenwärtig« zu sein. Gegenwärtig vor sich selbst und gegenwärtig vor Gott. Das Gegenbild des autonomen Menschen ist die Gegenwärtigkeit des gesammelten Menschen vor Gott.

9 Wir reden von der Gegenwärtigkeit Gottes in dieser Welt, in allen Dingen, auch von seiner Gegenwärtigkeit in unserem eigenen Dasein. Will aber der Mensch dieser Weise, wie Gott ihm gegenüber ist, angemessen sein, angemessen leben und denken, so wird er versuchen, in diese Haltung der Gegenwärtigkeit zu gelangen, in der zunächst nicht mehr notwendig ist als dies, dass er sagt: Hier bin ich. Mit allen Kräften und Sinnen, mit meinen Gedanken und Empfindungen, mit meiner Unruhe und meinem rastlosen Alltag. Ich will nichts als da sein. Ich sammle mich auf dich hin. Ich weiß, dass du mir gegenüber bist, aber auch um mich her. Über mir, unter mir und in mir selbst.

10 Wer versucht, in die Haltung der Gegenwärtigkeit zu gelangen, wird rasch erkennen, dass dies alles andere als einfach ist. Er wird feststellen, dass er mit Gedanken und Gefühlen fast immer anderswo ist als bei sich selbst und anderswo als in dieser Gegenwärtigkeit. Fast immer sind wir zer-streut, wie wir sehr richtig sagen, ausgestreut in die Dinge. Es ist eine lebenslange Arbeit, sich selbst immer wieder zusammenzuholen aus all den Zerstreutheiten unserer Gedanken und unseres Herzens. Nicht mit Gewalt, sondern mit der Leichtigkeit einer gelassenen Präsenz.

11 In der Gegenwart unserer ganzen Person vor Gott werden wir mit den Sinnen unseres Herzens ertasten, sehen, hören, fühlen, was Segen ist. Wir werden uns ihm öffnen, sodass er in uns eindringen und uns mit Kräften füllen kann, mit neuen Gedanken, mit Mut und Lebendigkeit.

12 Ich sage mir selbst immer einmal wieder das alte, wunderbare Meditationsgebet, das dem irischen Mönch Patrick, dem Bischof von Irland, im 5. Jahrhundert, zugeschrieben wird. Es lautet so:

> »Ich erhebe mich heute durch eine gewaltige Kraft,
> die Anrufung der Dreieinigkeit,
> und bekenne den Schöpfer der Schöpfung.
>
> Ich erhebe mich heute
> durch die Kraft Gottes, die mich lenkt.
> Gottes Macht halte mich aufrecht,
> Gottes Auge schaue für mich,
> Gottes Ohr höre für mich,
> Gottes Wort spreche für mich,
> Gottes Weg will ich gehen,
> sein Schild schütze mich.
>
> Christus sei mir zur Rechten,
> Christus mir zur Linken.
> Er die Kraft, er der Friede.
> Christus sei, wo ich liege.
> Christus sei, wo ich sitze.
> Christus sei, wo ich stehe.
> Christus in der Tiefe,
> Christus in der Höhe,
> Christus in der Weite.

Christus sei im Herzen eines jeden,
der meiner gedenkt.
Christus sei im Munde eines jeden,
der von mir spricht.
Christus sei in jedem Auge, das mich sieht,
Christus in jedem Ohr, das mich hört.
Er mein Herr, er mein Erlöser.

Ich erhebe mich heute durch eine gewaltige Kraft,
durch die Anrufung des dreieinigen Gottes.«

Aus dieser Art Gegenwärtigkeit in Christus, aus dieser Art Gegenwärtigkeit des Christus in ihnen selbst gingen die irischen Mönche auf ihre weiten Reisen zu Lande und zur See, die großartigste Gemeinschaft aktiver Missionare, die die christliche Geschichte kennt.
Denn nun hängt der Segen dicht zusammen mit der Sendung des gesegneten Menschen.

13 Wir erinnern uns (siehe 29. und 30.10.): Als Jesus den Kelch und das Brot segnete, wandte er sich zugleich an seine Jünger und sagte: Wo immer ihr hinkommt, tut dies zu meinem Gedächtnis. Und Paulus nimmt das Wort auf und sagt: Indem wir das gesegnete Brot nehmen, verkündigen wir den Tod und die Auferstehung des Herrn. Und als Jesus dieselben Jünger segnete, als er Abschied nahm von dieser Erde, da sagte er ihnen: »Geht hin in alle Welt und macht zu Jüngern alle Völker und tauft sie auf den Namen des Vaters und des Sohnes und des Heiligen Geistes und lehrt sie leben nach allem, was ich euch gesagt habe« (Mt 28,19–20). Sie aber, so ist erzählt, kehrten nach Jerusalem zurück und rühmten Gott.

14 Ein Mensch, der fähig ist, Gott zu rühmen mit all seiner Gegenwärtigkeit, seiner Offenheit und Empfangsbereitschaft, die darin liegt, ist an dem Ziel, das es auf dieser Erde überhaupt zu erreichen gibt: Gott zu rühmen. Damit antwortet der Gesegnete auf die Gegenwärtigkeit des segnenden Gottes.

15 »Ich will dich segnen, und du sollst ein Segen sein.« Damit hatte die Urgeschichte des biblischen Volkes begonnen: in diesem Zusammenhang von Empfangen und Weitergabe des Segens Gottes. Das Leben Christi auf dieser Erde aber endet eben mit dieser Bewegung des Gebens, die übergehen will in ein Geben von Mensch zu Mensch, ein Weitergeben aus der Fülle Gottes an die, die ihrer am meisten bedürfen.

16 Der Segen, den Christus, der von dieser Erde Scheidende, den zurückbleibenden Menschen gab (siehe 23. 10.), spiegelt sich in einem ganz eigenen Segen, den wir Menschen, wenn wir diese Erde verlassen, denen geben dürfen, die auf dieser Erde zurückbleiben.
Als Jakob, der Patriarch, sehr alt war und Josef, sein Sohn, sah, dass er sterben würde, nahm er seine beiden noch kleinen Söhne und ging zu seinem Vater. Und der Großvater richtete sich auf seinem Lager auf und legte den beiden Enkelkindern die Hände auf und sprach: »Der Gott, vor dem meine Väter Abraham und Isaak gelebt haben, der Gott, der mein Hirte gewesen ist mein Leben lang bis auf diesen Tag, der Engel, der mich erlöst hat von allem Übel, der segne die Knaben, dass durch sie mein und meiner Väter Name fortlebe, dass sie wachsen und gedeihen auf Erden« (Gen 48,15–16).

17 Es war früher auch bei uns Sitte, dass bei einem Abschied der Ältere den Jüngeren gesegnet hat, Eltern etwa ihre Kinder, Sterbende in ihrer letzten Stunde ihre Familie. Und entsprechend haben wir noch die alte Wendung, ein Mensch habe »das Zeitliche gesegnet«. Das ist ein wunderbares Wort. Was ist damit gemeint?
Wir reden davon, der Regen »segne« die Erde. Oder von einer Frau, sie sei »gesegneten Leibes«. Segen ist eine Kraft, die die Erde fruchtbar macht oder einen Menschen. Segen schafft Wachstum und Gedeihen. Segen bewirkt, dass Frucht entsteht.

18 Im übertragenen Sinn ist Segnen ein Bejahen und ein Fördern des Lebens. Und so »segnet« der Sterbende sein vergangenes Leben, die Welt und alle Menschen, die ihm nahestanden. Er gibt seine Lebenskraft, seine Liebe weiter an die Lebenden, die er liebt.

19 Wenn jemand »das Zeitliche segnet«, dann leuchtet alles noch einmal auf, wird alles noch einmal freundlich gesehen, und alle Kräfte, die vergehenden, werden den Zurückbleibenden zugewandt, zum Abschied und zur Stärkung des Lebens und der Liebeskräfte in der Welt. Nichts wird festgehalten, nichts wird weggeschoben. Es darf alles gelten.

20 Der Sterbende wünscht dem, was war, dass es weiterlebe, weitergedeihe. Und er wünscht sich selbst, es möge auch für ihn Frucht wachsen aus dem, was »zeitlich« war, für die Ewigkeit. Es mag sein, dass er dabei manches ein wenig anders wertet als die Zurückbleibenden, so wie Jakob bei seinem Segen gegen alle Sitte den Jüngeren vorzog.

21 Eltern, die auf dem Sterbebett ihren Kindern etwas Gutes sagen, können damit vieles wiedergutmachen, was sie an ihnen versäumt haben. Sie geben den Kindern für die Zukunft eine Kraft mit, die trägt.
Segen hinterlässt derjenige, der zu Lebzeiten regelt, was an Zeitlichem noch zu regeln ist. Segen hinterlässt derjenige, der seinen Kindern und Enkeln und allen, die ihm nahestehen, zuletzt bestätigt, dass er sie bejaht, ihnen ihr Weiterleben gönnt.

22 Das Zeitliche segnen heißt: das eigene Leben in Frieden abschließen, heißt aber noch mehr: das weitergehende Leben der anderen bejahen, gutheißen, ihnen Glück wünschen.
Dass ein Gesegneter ein Segen für andere sein kann, wie es in dem Wort formuliert ist: »Ich will dich segnen, und du sollst ein Segen sein«, das ist das Geheimnis des alten, weggehenden Menschen.

23 Selten kann ein Mensch, der Frieden stiften will zwischen zerstrittenen Menschen, dies so wirksam tun wie auf seinem Sterbebett. Ihm wächst eine Autorität zu, die er in diesem Maße nie hatte. Und es mag sein, dass sich die Christus-Gestalt, die während unseres Lebens in uns wuchs, in der Stunde vollendet, in der wir die Menschen segnen, von denen wir Abschied nehmen.

24 Als Mose an das Ende seiner Tage kam, führte, so erzählt die Bibel (Dtn 34), Gott ihn auf einen hohen Berg, von dem aus er das Ziel sehen konnte, dem er ein Leben lang nachgewandert war: das Land, in dem einmal seine Nachkommen leben sollten. Ein Leben lang hatte er sich um die Heimkehr seines Volkes bemüht, auf endlosen Wegen durch unwirtliches Land. Nun sieht er das Ziel, das er selbst nicht mehr erreichen wird.

25 Wenn Mose am Ende seiner Tage Abschied nimmt, dann blickt er von dem Berg aus auch zurück. Er sieht, wie er einst als Kind aus dem Nil gerettet wurde. Und er sieht, wie er bewahrt wurde auf seinem langen, gefahrvollen Weg und wie seine lebenslange Mühe erfüllt war mit einem verborgenen Sinn. Er erkennt: Ich bin ein Geführter und ein Gesegneter. Und er singt sein Lied: »Ich will den Herrn preisen.« Gott war vor mir und um mich her, und alles war Gnade.

26 Moses Geschichte spielt nicht nur in einer fernen Vergangenheit. Sie spielt in uns selbst. Irgend etwas in uns sehnt sich nach Freiheit. Irgendein Bild steht da vor uns von einem sinnvollen Leben, von einem Land, in dem zu leben sich lohnt. Und vielleicht berühren wir mit den Fingerspitzen gleichsam ein wenig Freiheit oder atmen sie ein und wissen: So eigentlich müsste das Leben sein.

27 Vielleicht ist die Stunde, in der wir uns aus unserer Arbeit lösen, um alt zu sein und zur Ruhe zu kommen, auch die, in der uns die Freiheit berühren will. Wenn wir uns dann umsehen, ändert sich alles vor unseren Augen. Vielleicht kommen wir bis an den Punkt, an dem wir erkennen: Was unsere Mühe war, ist in Wahrheit die Güte Gottes gewesen.

28 Was wir am Ende sind, das hat Gott in langen Jahren aus uns gemacht. Wir aber nehmen, was da war und wurde, an und versuchen, dafür zu danken. Und wir geben uns dieser Hand zurück. Sie nimmt uns auf, entlässt uns zugleich auf einen neuen Weg und führt uns weiter. Und das Land, das wir suchten, wird sich uns öffnen.

29 Es ist uns zugedacht, dass wir auf der Höhe unserer späten Jahre über die Grenze hinübersehen: wach, wissend, frei. Wir spüren, wie eine große andere Wirklichkeit auf uns zuströmt. Ein grenzenloser Strom von Erkenntnissen und Erfahrungen. Gott selbst kommt uns entgegen. Denn das Alter ist nicht das Ende von allem, sondern nur der letzte Takt einer Ouvertüre, und die eigentliche, die wunderbare Musik der Freiheit fängt erst an.

30 Es gibt ein Gesetz im Leben, dass, wenn sich eine Tür schließt, eine andere sich auftut. Wenn aber die Türen, durch die wir im Leben gegangen sind, sich schließen, eine nach der anderen, dann lösen sich die Wände vor unseren Augen auf, in denen die Türen sich gedreht haben. Die Welt wird groß. Das Licht einer anderen Wirklichkeit liegt über ihr, und unser Weg fängt noch einmal an. Wir werden endgültig wissen, dass wir gesegnet waren.

DEZEMBER

1 Der Advent hat von jeher mit Türen zu tun. In der Mitte dieser Festzeit steht der Gedanke, in unserem Leben müsse irgendwann und irgendwie eine Tür aufgehen. Eine Tür oder ein Tor in die Freiheit, in das vollere Leben, in das Heil. »Macht hoch die Tür, die Tor macht weit«, singen wir im Advent. Wir sagen damit: Niemand lebt in einem verschlossenen Raum. Wir haben in uns eine Tür, die sich öffnen kann und durch die wir in einen neuen, anderen, weiteren Raum eintreten oder durch die etwas zu uns kommt von Erfahrung einer größeren Welt. Wir sagen damit: Diese Türen kann man durchschreiten, durch diese Türen darf man etwas erwarten, das zu uns kommen will. Etwas, das bei uns ankommt. Advent, das Wort sagt: Es kommt etwas zu uns herein.

2 Der Advent geht auf einen Geburtstag zu. An Weihnachten feiern wir den, der gesagt hat, er sei gekommen, den Bedrängten und Gefangenen die Freiheit zu bringen, die leidenden Herzen zu heilen und den Verlassenen beizustehen: Jesus Christus. Der hat gezeigt, Gott ist nicht irgendwo in der Ferne, sondern nah bei uns wie ein Mensch, der uns besucht. So nah wie ein Mensch, der uns liebt.

3 Im Advent kommt also einer auf uns zu. Auch auf dich. Der geht deinen Weg mit dir, und sei dieser Weg noch so schwierig. Und sei es über diesem Weg noch so dunkel, und sei er noch so weit. Er zeigt dir das Ziel, ein großes Ziel und ein schönes. Und am Ende wirst du sagen: Nun ist alles gut. Es hat alles seinen Sinn gehabt.

Selbst wenn alle um dich her sagen: Es wird nur immer schlimmer, die Katastrophen, die auf uns zukommen, sind unausweichlich. Dann kannst du sagen: Nein, die Katastrophen sind nicht das Letzte. Wir haben eine Zukunft vor uns, die hängt zum Glück nicht von der Macherei und von der Torheit der Menschen ab. Jeder Tag ist für uns eine Tür, durch die wir gehen, erwartend, zuversichtlich und mit langem Atem. Denn die Zukunft wird heller sein, als wir uns ausdenken können. Gott, den wir von Jesus Christus her kennen, kommt auf uns zu, und unser Weg führt ins Licht.

4 Aber wir müssen mitgehen. Wir müssen begreifen, dass nicht unsere Ziele und Erfolge wichtig sind, sondern der Weg selbst und wie wir ihn gehen. Der Weg selbst ist das Leben. Er hat eine Schönheit aus der Liebeskraft, die uns unterwegs zuwächst. Aus der Weisheit, die wir gewinnen, und aus den Opfern, zu denen wir bereit waren. Und auf diesem Weg werden wir begreifen, dass Gott nicht jenseits unserer Welt ist, irgendwo hinter den Sternen, sondern dass er uns entgegenkommt. Mit jedem Schritt. Wir werden begreifen, dass wir in Gott sind und Gott in uns. Dass wir nur einzutauchen brauchen in seine Nähe. Uns nur aus unserer Zerstreutheit zusammenzuholen und uns ihm anzuvertrauen. Uns in ihm hineinzulegen wie in eine große Hand. Wir werden wissen, dass alles gut ist. Und so üben wir uns durch die Wochen des Advents in die Stille ein, in der das mit uns geschehen kann. Das einzig wirklich Wichtige, auf das in unserem Leben alles ankommt.

5 Geh deinen inneren Weg
durch die Tage des Advents.
Bewahre dir, wenn es möglich ist, Zeit,
in der der Atem ruhig geht,
in der nicht gehetzt und gerannt wird.
Es soll ja etwas in dir selbst geschehen.
Richte deine Gedanken und Erwartungen
auf das, was sich lohnt.
Einen gesegneten Advent wünsche ich dir.

6 Advent also heißt: Gott ist nicht irgendwo in der Ferne, er kommt uns vielmehr bei jedem Schritt entgegen, sobald wir die Augen öffnen für seine Nähe um uns her und in uns selbst. Dann aber ändert sich alles. Dann wird das Leben in dieser Welt anders.
Es ist ja gar nicht so einfach, dieses Leben und diese Welt anzunehmen. Ist dieses Leben so viel Vertrauen wert? Ist nicht die Welt ein Meer aus Leid, aus Banalität, und vollzieht sich das Leben nicht als eine Ansammlung armseliger Kompromisse?

7 Das Leben findet für viele, die sich damit abgefunden haben, in der Tat nicht zwischen Himmel und Hölle in einer erträglichen Mittellage statt, sondern nahe der Hölle und sehr ferne dem Himmel. Menschwerdung ist auch Höllenfahrt. Um sie aber bejahen und vollziehen zu können, muss ein Sinn dieses Abstiegs glaubhaft sein. Ist man für irgend jemand nötig? Wird man gebraucht? Und wenn man, wie es unzähligen jungen Menschen heute geschieht, nirgends gebraucht wird und überall zu den Vielen gehört? Der Wunsch, nicht geboren zu sein, da man doch keine Lücke hinterließe, wenn man fehlte, liegt vielen gefährlich nahe.

8 Es ist ja auch keine Romanze, was die Weihnachtsgeschichte erzählt, sondern ein Stück aus einer brutalen Welt, in der die Kinder sozusagen auf der Straße zur Welt kommen und wo ihnen ein Leben angeboten wird, in dem es kaum etwas wie ein Recht für sie gibt, kaum etwas wie Geborgenheit, kaum so etwas wie Heimat. Der, dessen Geburtstag wir an Weihnachten feiern, wird als erwachsener Mann sagen: »Ich habe nichts. Ich bin nirgends zu Hause. Ich habe nicht einmal für die Nacht einen Ort zum Schlafen.«

9 Nicht nur das Leben allgemein, sondern vor allem wir selbst, wir Menschen, stehen ziemlich dunkel in einer dunklen Landschaft und wenig vertrauenserweckend. Und da tritt nun dieser Mann aus Nazareth neben uns und zeigt uns, wie und in welchem Sinn wir Menschen Spiegelungen Gottes sein sollen. Er sagt: Du kannst Licht werden, wie Gott Licht ist. Denn um dich her ist nicht die Hölle, sondern eine Welt, der du Vertrauen entgegenbringen kannst. Diese Welt ist deine Heimat, so gewiss der Gott, der sie geschaffen hat und durchwirkt, Liebe ist. Du kannst diese Welt lieben. Sie ist ein Ort in Gott. Sie hat Sinn. Du kannst in ihr ein sinnvolles Leben führen.

10 Was auf dieser Erde geschieht, steht im Zusammenhang mit einer unsichtbaren Welt voll Geist und Leben. Hinter allen Dingen, hinter allen Grenzen geht die Welt weiter. Auf diese größere, grenzenlose Welt läuft dein Weg hinaus. Fasse davon, so viel du kannst. Alles wirst du ohnehin nicht begreifen. Und lass, was du davon begriffen hat, auf dieser Erde spürbar werden. Denn wenn du das Licht Gottes einmal geschaut hast, wird der Friede auf dieser Erde durch dich Raum greifen. Du kannst vielleicht nicht alles erklären, aber Frieden kann von dir ausgehen.

11 Woher nehmen wir die Gewissheit, dass es sinnvoll ist, dieses Leben und diese Erde gut zu heißen? Es gibt keinen anderen Grund als die herabsteigende Güte Gottes, die nun das Muster und Modell für unser eigenes Leben ist. Wir sehen alle jene, die in den Niederungen ihrer Angst und ihrer Armut leben und kommen zu ihnen hinab. Das Bild des herabsteigenden Gottes wird unser eigenes Bild, und so wird die Welt, auch für uns selbst, wohnlich.

12 Weihnachten erzählt von einem Kind. Wir begleiten also im Advent eine Schwangerschaft bis hin zu einer Geburt. Und in diesem Weg auf eine Geburt zu spiegelt sich, was in uns selbst geschehen soll: dass das Kind Gottes in uns zur Welt kommt. Denn nicht nur in dieser Menschenwelt soll etwas anders werden, sondern auch in uns selbst. Wir selbst sollen den unendlichen Wert wahrnehmen, den wir in Gottes Augen haben, wie hoch oder niedrig wir uns selbst auch einschätzen mögen. Und wir sollen sehen, wer wir sein werden über das hinaus, was wir jetzt sind, und zwar dadurch, dass das Kind in uns geboren wird. Auch wenn wir alt und hinfällig werden, werden wir unendlich mehr sein, als wir zuvor waren. Denn es gibt eine Neugeburt aus der Tiefe. Und wir werden uns zu einer Freiheit und einer Zuversicht erheben, von der wir jetzt kaum träumen können: der Freiheit der Kinder Gottes.

13 Das bedeutet: Du bist nicht irgendjemand. Du bist nicht ein austauschbares, ein entbehrliches Teil der Masse Mensch. Du bist dieser eine, unverwechselbare, von Gott gemeinte und geliebte Mensch. Du bist der, den er besucht, du bist die Erde, über der der Stern steht. Und wenn über dieser Erde, über dir, Nacht ist, dann gilt dir, was der Lobgesang des Zacharias sagt (Lk 1,68–79):

»Von Herzen freundlich ist Gott.
Ein Licht aus der Höhe wird dich besuchen,
wie die Sonne am Morgen aufstrahlt,
und wird dir erscheinen über dem Ort,
an dem dein Schicksal sich abspielt
in Finsternis und Todesschatten.
Er wird deine Füße lenken auf dem Weg zum Frieden,
und der Friede wird über deinen Schritten sein.«

14 Als Jesus ein erwachsener Mann war, sprach er davon, etwas wie ein Weizenkorn falle in jeden Menschen. Es wolle in ihm Grund finden, aufwachsen und Neues hervorbringen. Eine Ähre. Einen neuen Menschen. Was da in uns hereinfalle, das sei ein Anruf von Gott. Und deshalb liegt vor dem Kind in der Krippe auf manchen Bildern ein Bündel Ähren. Auf dem Grund deiner Seele, so sagt der Advent, will ein Leben aufwachsen, eine schöpferische Kraft, eine Freiheit, ein Vertrauen, die du dir nicht selbst geben kannst, und in einem bestimmten Augenblick wird es aus dir heraustreten. Es wird aus dir kommen und wird mehr sein, als du jetzt bist: das Kind, der neue, von Gott gemeinte Mensch.

15 Das Modell des neuen, von Gott gemeinten Menschen siehst du an dem Kind, das an Weihnachten zur Welt kam, und an dem Mann, zu dem es heranwuchs. Und immer ist nicht wichtig, was wir sind, sondern woraufhin wir wachsen. Nicht das ist die Frage, wieviel Kraft wir haben, sondern ob seine Kraft schon jetzt in uns wirkt. Ob seine Güte aus uns zu den Menschen kommt. Ob wir mit seiner Leidensbereitschaft den Menschen zur Seite treten. Wichtig ist, dass wir uns gegen diese Welt und die Menschen nicht wehren. Sie gehören zu uns. Wir brauchen niemand zu hassen oder zu fürchten. Wir können Zwänge durchbrechen, wir können für die Sprachlosen reden und das, was an Unrecht geschieht, beim Namen nennen.

Solange ich auf den Anruf Gottes horche und solange der neue Mensch in mir wächst, bleibt mir im großen Meer der Täuschungen die Wahrheit, in der unendlichen Finsternis das Licht und am Ende in der grundlosen Tiefe des Todes das Leben. Denn das Kind, das in mir entsteht, geht weiter, geht hinüber in die andere Welt, und ich werde erkennen, dass dieser neue Mensch ich bin.

16 Wir sind also, wie die Welt wohnlich wird, auch für uns selbst wohnlich geworden. Wir sind zu Hause auch in uns selbst. Wir sind es, weil wir selbst der Ort sind, an dem Christus Mensch war, das Haus, in dem das Kind zur Welt kommt. Und dieser neue Mensch in uns sagt uns: Ich gebe dir die Kräfte. Du kannst aufstehen. Du brauchst dich nicht in Träume einzuspinnen. Du brauchst nicht der Vergangenheit nachzuhängen. Du brauchst dich nicht in Klagen einzumauern. Du brauchst dich nicht mit Vorwürfen gegen die böse Welt zu bewaffnen. Diese Kräfte wachsen, wenn du sie in Anspruch nimmst. Deine Liebesfähigkeit wächst, wenn du vor deine Türe trittst und fragst, wo man deine Liebe denn brauche. Der Friede nimmt mehr Raum ein in dir und es kann Frieden von dir ausgehen. Du bist heil geworden, wirke nun auf dieser Erde zum Heil der Menschen. Das ist es, was dir in der Zeit des Advents gesagt wird. Damit Weihnachten an dir geschehen kann.

17 Unsere Welt wird wohnlich, wo wir begriffen haben, was Advent ist. Wir können in uns selbst auf eine gute Weise zu Hause sein. Aber auch dort werden wir zu Hause sein, wo die verborgene, die Welt der göttlichen Geheimnisse beginnt.

Unsere Welt ist von Gott durchwirkt. Er kommt zu uns. Nun kann etwas Heilvolles geschehen. Auch unser eigenes Herz öffnet sich für die Ankunft Gottes, für die Geburt Gottes in uns. Auch die Zukunft ist offen wie eine Tür, auf Ewigkeit hin. Unsere Welt öffnet sich und wird weit. Unendlich. Wir können es nicht nur mit unserer Welt aushalten oder mit uns selbst. Wir werden heimkehren. Und wir stehen unmittelbar davor, wenn man die wenigen Jahre, die wir leben, überhaupt rechnen will.

18 Weihnachten gilt uns als das Fest des Friedens. An Weihnachten soll unser Weg durch das Leben anfangen, ein Weg des Friedens zu sein, den wir ohne Streit und Kampf gehen, ohne Vorwürfe und Anklagen, im Frieden mit Gott, im Frieden mit uns selbst, im Frieden mit unserem Geschick, im Frieden mit den Menschen um uns her. Wenn uns der Friede gelingt, ist unser Lebensweg gelungen.

19 Der Weg des Friedens beginnt immer wieder neu, er beginnt jedes Jahr wieder mit dem Advent. Er beginnt zusammen mit jenem Jesus Christus, der in Bethlehem zur Welt kam. Jedesmal beginnt für uns selbst der Weg, den Christus auf dieser Erde geht. Und sein Sinn ist, dass wir ihn immer bereitwilliger gehen und uns dabei tiefer wandeln lassen in einen christusähnlichen Menschen, damit wir immer fähiger werden, auch unseren letzten Schritt hinüber in die andere, die größere Welt, im Frieden zu tun.

20 Die Geschichte von der Geburt des Kindes in Bethlehem sagt uns. Du bist auf die Erde gesandt. Gehe nun diesen Weg auf der Erde, achte auf Gottes Willen, achte auf seine Führung, auf die Zeichen, die er dir gibt. Der dich gesandt hat, ist da. Er führt dich. Er begleitet dich mit dem Gesicht eines Bruders. Er stützt dich. Er zeigt dir deinen Weg.

Er empfängt dich am Ende. Und er führt dich weiter, ohne Aufhören. Unendlich.

Gehe nun in Gedanken den Weg entlang, den Jesus Christus gegangen ist von diesem Anfang in Bethlehem her. Es ist dein Weg. Geh ihn, einige dich mit dem Willen Gottes, der ihn dir zugewiesen hat. Und lebe im Frieden.

21 Geh denn deinen Weg, bereit, auch Nacht und Rätsel und Zweifel zu durchwandern und den unteren Weg zu gehen. Nicht den der Erfolge. Der endet mit Gewissheit irgendwann. Nicht enden wird dein Weg. Der führt weiter. Unterwegs aber höre auf das, was Jesus Christus dir sagt: Selig sind, die arm sind in Erwartung des Geistes, ihrer ist das Reich Gottes. Selig sind die Barmherzigen, die Friedenschaffenden, die Leidenden, die Verfolgten, die Geduldigen – denn sie sind es, die ihren Weg zusammen mit Christus gehen; besser: in denen Christus seinen Weg geht. Geh also in Gedanken den Lebensweg dieses Kindes mit bis an sein Ende und bis zu dem neuen Anfang, der Auferstehung heißt. Es ist dein Weg. Geh ihn, achtsam und konsequent.

22 An diesen letzten Tagen vor Weihnachten wünsche ich dir ein gesegnetes Fest. Ich sage das nicht nur so hin. Ich meine ein *gesegnetes* Fest.

Es ist ja üblich, darüber zu klagen, dass uns eigentlich alle Voraussetzungen abhanden gekommen seien, die zu einem wirklichen Weihnachtsfest gehören. Die Freude am Spiel, das Verständnis für alte Symbole und Geschichten, der Glaube an Christus und überhaupt der Sinn für ein Fest. Das ist sicher wahr. Aber einiges, was zu diesem Fest gehört, ist noch da. Zum Beispiel eine verbreitete Sehnsucht nach Frieden, von der die meisten gar nicht mehr wissen, warum sie sich eigentlich mit Weihnachten verbindet. Es ist auch eine merkwürdige Angst da, an Heiligabend allein zu sein, auch bei Leuten, die sonst das ganze Jahr über allein sind. Und es ist viel Müdigkeit da. Man hat wochenlang für sich und andere geschuftet, damit das Fest schön wird – und nun hat man keine Kraft mehr zum Feiern. Man ist fertig. Man ist unten.

23 An Weihnachten feiern wir nun den Geburtstag jenes Jesus von Nazareth, der gesagt hat, er sei zu denen gekommen, die ganz unten sind. In ihm komme Gott selbst zu denen unten. Nicht nur zu den armseligen Landarbeitern von Bethlehem, deren Elend wir zu einer Art Schäferidylle aufgeblasen haben, sondern zu jedem, der in irgendeinem Sinn unten ist. Und Gott sehe ihn an. Er sehe ihn etwa so, wie ein liebender Mensch einen geliebten Menschen sieht. Es gibt keine wacheren, keine wissenderen Augen als die der Liebe.

24 Das Heilende geschieht in der Nacht. Die Anfänge einer Wandlung, die in uns geschehen soll, geschehen in der Stille. Die Anfänge, in denen das Ewige Gestalt finden will in der Zeit, geschehen in der Verborgenheit.
Alle Jahre wieder hören wir die alte Geschichte, die davon erzählt. Von einem Anfang erzählt sie, von einer Geburt. Von einer Mutter und einem Kind. Von Tieren und Hirten und Engeln. Sie erzählt: Da setzte einer einen Anfang, wo unsere Wege enden. Da wirkte einer eine Wandlung, wo wir an das Gewordene gebunden bleiben. Ein Mensch, der liebt. Auf eigene Gefahr.
Wir feiern seine Geburt und wünschen uns, dass wir ihm ähnlicher werden und so seine Geburt, sein Anfang, auch in uns geschieht.

25 »Und sie gebar ihren ersten Sohn, wickelte ihn in Windeln und legte ihn in eine Krippe, denn sie hatten sonst keinen Raum in der Herberge« (Lk 2,7).
Für uns ist Weihnachten heute das Fest einer Familie. Da ist eine junge Mutter, da ist ein Kind. Da steht hinter der Mutter ein Vater. Da kommen die Nachbarn und freuen sich mit ihnen und verehren das Wunder, dass da ein Bote Gottes, ein Kind, in die Welt kam. Der Mittelpunkt ist ein Kind, das umgeben ist von Liebe und Zärtlichkeit.
Eigentlich müsste es möglich sein, die verängstigten und gemütskranken Menschen unserer Tage zu heilen, indem man ihnen gibt, was man einem Säugling gibt. Man müsste sie stillen an einer warmen Brust; man müsste sie im Arm halten und zärtlich streicheln; und man müsste ihnen all das nachreichen, was an ihnen versäumt worden ist durch eine spröde Pädagogik: alle die Liebkosungen, alle die Küsse, die ihnen nicht gewährt worden sind; all das freundliche Anschauen, das Liebesspiel und die Worte der Zärtlichkeit. Es ist gut, dass das heute besser verstanden wird als zu früheren Zeiten. Denn Gottes Geist wird leiblich durch die Liebe, und der Leib des Menschen wird durch die Liebe geistig. Er erwacht aus seiner Stummheit, wo ihm Liebe begegnet; er fängt an zu antworten, zu reden. Er wird seinerseits fähig, einen anderen Menschen zu berühren, zu lieben, ihm zu zeigen, wie nah er ihm sei. In der Liebe wird Gottes Geist Leib.

26 An einem Geburtstag – und Weihnachten ist ja nichts anderes als dies – erinnern wir uns an unseren eigenen Anfang. Wir versuchen ihn besser und deutlicher zu sehen; und vielleicht verstehen wir dabei unseren bisherigen Weg besser; vielleicht auch kommen wir dabei einigen Irrtümern unseres Lebens auf die Spur. Und wenn uns ein Glück widerfährt, dann finden wir den Mut, in unseren späten Jahren einen neuen Anfang zu riskieren. Wer sich etwas Gutes tun möchte, der hilft dem Kind in ihm selbst, dass es leben und träumen darf. Er wird mit ihm zusammen träumen und spielen und darüber zu Zeiten die ganze Welt vergessen. Er wird danach dieser Welt besser gewachsen sein.

27 Wie wäre es denn, wenn wir die Aussicht, dass in uns der neue Mensch, der Christus, zu Welt kommen könne, neu ernst nähmen und begännen, das Glück zu empfinden, das in einem Wiegenlied der Krobo an der Goldküste Afrikas so besungen wird:

> »Gott hat es mir geschenkt,
> dass ich mit ihm spiele.
> Gott hat es mir geschenkt,
> dass ich es am Rücken trage.
> Gott hat es mir geschenkt,
> dass ich mit ihm spiele.
>
> ... Das, ja das
> ist meine Herrlichkeit!
> Gott hat es mir geschenkt,
> dass ich mit ihm spiele.«

28 Paulus sagt: »Ich lebe, doch nicht nur ich, sondern Christus lebt in mir« (Gal 2,20). Und er fügt an: »Das ist nun der Sinn meines Lebens, dass Christus in mir Gestalt gewinnt und heranwächst, bis ich den erwachsenen Sohn, die erwachsene Tochter Gottes in mir trage« (Eph 4,13; Gal 4,19).
Wäre das nicht das eigentliche Weihnachtserlebnis, dass durch den Christus, dessen Geburtstag wir feiern, in uns selbst ein Neuanfang geschähe, der dem Entstehen und Wachsen eines

Kindes gliche? So könnte in uns der Mensch Gestalt finden, der aus Gott ist. Der Mensch, den auch die Fehler und Versäumnisse eines ganzen Lebens nicht zerstören können. Der Mensch, der am Ende das arme und karge Erwachsenen-Ich ablöst und ersetzt.

29 Meister Eckart (um 1260–1327) sagt: »Wir feiern Weihnachten, auf dass diese Geburt auch in uns geschieht. Wenn sie nicht in mir geschieht, was hilft sie mir dann? Gerade, dass sie auch in mir geschieht, darin liegt alles.«

Ich denke mir, es müsste eigentlich das Ende von Traurigkeit, von Resignation und Depression sein, wenn wir das glauben könnten. Und so könnte auch in uns geschehen, was Psalm 131 sagt:

> »Ich habe mein Herz still gemacht,
> und Frieden ist in meiner Seele.
> Wie ein gestilltes Kind,
> das bei seiner Mutter schläft,
> wie ein gesättigtes Kind,
> so ist meine Seele still in mir.«

Wir sind uns wohl einig darüber, dass von den Christen, zumal an Weihnachten, etwas von Nähe, von Frieden und Zuversicht ausgehen muss auf die Unglücklichen dieser Erde. Aber der Anfang des Friedens und der Dankbarkeit muss in uns selbst geschehen. Anders wird kein Mensch, der uns begegnet, den Sinn dieses Festes begreifen.

30 Wir sind in den Tagen nach dem Fest auf dem Weg ins neue Jahr. Wenn ich an die Neujahrsnächte zurückdenke, die ich bewusst erlebt habe, dann fällt mir ein, wie ich in meiner Kindheit, lange vor dem Zweiten Weltkrieg, mit meinen drei Brüdern und meiner Mutter zusammen aus der Stadt Ulm hinausgewandert bin, mitten in der Nacht, sodass wir mit dem Zwölf-Uhr-Schlag oben auf einem der Berge waren, die sich um Ulm herum erheben. Da fingen dann die Glocken des Ulmer Münsters an, zusammen zu läuten, tief und voll mit ihrer ganzen tragenden Kraft. Das neue Jahr hat durch meine ganze Jugend hin mit diesen Glocken begonnen, und in Gedanken höre ich sie immer noch, wenn das alte Jahr vergeht und das neue beginnt.

31 Wenn ich im neuen Jahr zwischen dem Streit der Völker und den darunter leidenden Menschen meinen Weg gehen soll, dann sagen mir die Glocken ungefähr dies: Es mag mir widerfahren, was will, es führt mich einer durch meine Jahre. Was um mich her geschieht, spricht zu mir und ruft mich auf zu tun, was um der Menschen und um des Friedens willen getan werden muss. Was ich empfange an Kraft und Güte, ist ein Geschenk. Alle Wahrheit, die ich verstehe, alle Liebe hat mir einer zugedacht. Alles, was mir zufällt, fällt mir aus einer guten Hand zu. Was mir schwer aufliegt, ist mir auferlegt durch einen großen und wissenden Willen. So öffne ich mich dem, was kommt. Ich brauche nichts zu fürchten, auch nicht das Älterwerden, auch nicht das Abnehmen der Kräfte. Es hat alles seinen Sinn in den Gedanken Gottes.

Quellennachweis

1. Januar–4. Januar   In ihm sei's begonnen: Wort zum Sonntag, ARD 2. Jan. 1982 © Jörg Zink Erben.

5.–10. Januar   Kraft, Liebe und Besonnenheit: Wort zum Jahresbeginn, ARD 1. Jan. 1984 © Jörg Zink Erben.

11.–31. Januar   Wünsche für das neue Jahr: Morgenworte. ÖRF 30. Dez. 1991 bis 4. Jan. 1992 © Jörg Zink Erben.

1.–28. Februar   Der Herr ist mein Hirte: Biblische Besinnung zu Psalm 23 © Jörg Zink Erben.

1.–31. März   Die Bedeutung der Mystik für den christlichen Glauben: Vortrag im Forum »Spiritualität«, 29. DEKT Frankfurt am Main, 14. Juni 2001 © Jörg Zink Erben.

1.–7. April   Aufwachen, aufstehen, auferstehen: Wort in den Tag, SFB 4. April 1978 © Jörg Zink Erben.

8.–30. April   Ostern und die Auferstehung der Toten: Biblische Betrachtung, aus: Jörg Zink, DiaBücherei Christliche Kunst, Band 3, Verlag am Eschbach 1984 © Jörg Zink Erben.

1.–31. Mai   Was bleibt, stiften die Liebenden: Musik und Worte zwischen Hans-Jürgen Hufeisen und Jörg Zink, ÖKT Berlin, 29. Mai 2003 (Auszug) © Jörg Zink Erben.

1. Juni–31. Juli   Du bist alles, was Licht ist: Das Vaterunser, gedeutet (Auszug), Verlag am Eschbach 2005 © Jörg Zink Erben.

1.–31. August   Ein Raum und ein Weg: Ansprachen anlässlich: Festlicher Abend zusammen mit Hans-Jürgen Hufeisen, Alpirsbach, 29. Okt. 1996 (Auszug) © Jörg Zink Erben.

1.–30. September   Nimm's gelassen: Ein Gespräch mit Älter-werdenden, Verlag am Eschbach 2002 © Jörg Zink Erben.

1. Oktober–30. November   Ich kann vertrauen: Gedanken zum Segen, Verlag am Eschbach 2002 © Jörg Zink Erben.

1.–31. Dezember   Türen zum Fest. Eschbacher Adventskalender, Verlag am Eschbach Neufassung 2007 © Jörg Zink Erben.

Dr. Jörg Zink (1922–2016), evangelischer Theologe und Publizist, bekannt als sensibler Bibelübersetzer und Autor zahlreicher Bücher zu Fragen des christlichen Glaubens und Lebens sowie zu spirituellen Themen. In den 1980er-Jahren war Jörg Zink einer der wichtigsten Sprecher der deutschen Friedens- und Ökologiebewegung. »Frieden ist in meiner Seele« versammelt für jeden Tag des Jahres kraftvolle, ermutigende und tröstende Texte: Inspirationen aus den Weisheitsbüchern der Bibel, Worte zum Tag, zu den Festen des Jahres, zu Lebensthemen und Zeitfragen.